AF276008

ACCESO GRATIS *a la Lectura en la Nube*

Para visualizar el libro electrónico en la nube de lectura envíe junto a su nombre y apellidos una fotografía del código de barras situado en la contraportada del libro y otra del ticket de compra a la dirección:

ebooktirant@tirant.com

En un máximo de 72 horas laborales le enviaremos el código de acceso con sus instrucciones.

Las situaciones de aprendizaje en Secundaria y Bachillerato en el área de Biología-Geología.

Por qué, cómo y ejemplos listos para aplicar con resultados de investigación sobre su implementación

Miguel Ángel Jiménez Rodríguez
Eugenio Salvador Ivorra Catalá
Alfredo Molins Palanca
Esther Moreno-Latorre

LAS SITUACIONES DE APRENDIZAJE EN SECUNDARIA Y BACHILLERATO EN EL ÁREA DE BIOLOGÍA-GEOLOGÍA.

Por qué, cómo y ejemplos listos para aplicar con resultados de investigación sobre su implementación

tirant humanidades
Valencia, 2025

Director de la colección:
Juan Manuel Fernández Soria

© Miguel Ángel Jiménez Rodríguez
Eugenio Salvador Ivorra Catalá
Alfredo Molins Palanca
Esther Moreno Latorre

© TIRANT HUMANIDADES
EDITA: TIRANT HUMANIDADES
C/ Artes Gráficas, 14 - 46010 - Valencia
TELFS.: 96/361 00 48 - 50
FAX: 96/369 41 51
Email: tlb@tirant.com
www.tirant.com
Librería virtual: www.tirant.es
DEPÓSITO LEGAL: V-3072-2025
ISBN: 978-84-1081-368-7

Si tiene alguna queja o sugerencia, envíenos un mail a: atencioncliente@tirant.com. En caso de no ser atendida su sugerencia, por favor, lea en www.tirant.net/index.php/empresa/politicas-de-empresa nuestro Procedimiento de quejas.

Responsabilidad Social Corporativa:
http://www.tirant.net/Docs/RSCTirant.pdf

Índice

Capítulo 5.

Capítulo 6.

Presentación de la estructura y contenidos de la guía

Esta obra, que contiene una guía para la elaboración de situaciones de aprendizaje, forma parte de una colección por especialidades en la Ed. Secundaria y el Bachillerato, así como algunas familias de la Formación Profesional. En ellas se ha querido ofrecer una propuesta diferente. No se ha buscado solo facilitar al profesorado "situaciones de aprendizaje tipo", como las que podemos encontrar en las páginas de la Administración, en una búsqueda en la red o, incluso, pidiendo a la IA que las elabore, sino que se busca una comprensión, lo más profunda posible, del sentido de las situaciones de aprendizaje y de la lógica y coherencia interna de su diseño.

Este libro tiene tres partes bien diferenciadas. La primera incide en la teoría que sustenta y los procedimientos que hacen posible el diseño de situaciones de aprendizaje bien alineadas. La segunda propondrá, sobre dos ejemplos concretos, sendos modelos de diseño de situaciones de aprendizaje. Y la tercera parte ofrecerá resultados de investigación sobre los resultados de aplicación de una de estas situaciones. Una vez vista la estructura, anticipamos qué podremos encontrar en cada uno de estos bloques.

La primera parte de este trabajo comienza con una breve fundamentación teórica que servirá de base para el desarrollo de las situaciones de aprendizaje. Los pilares de dicha fundamentación son el paradigma de la enseñanza centrada en el aprendizaje de Barr y Tagg, el alineamiento constructivo de Biggs y el aprendizaje visible de Hattie y Zierer— proponiendo desde ahí un modelo de diseño curricular lo más coherente posible. La intención es formativa por lo que la presentación de estos principios teóricos irá precedida por la justificación de la incidencia que los aprendizajes que se pretenden conectan con las competencias propias del profesorado establecidas en la Orden ECI/3858/2007 que regula la formación inicial del profesorado de Secundaria, Bachillerato, Formación Profesional y Enseñanza de Idiomas que está en vigor.

En segundo lugar, se construirá un mapa de ideas clave para situarse de forma organizada en el territorio conceptual —la arquitectura pedagógica— planteada por la LOMLOE. En este punto, al que dedicaremos un capítulo, se explicará el sentido de cada uno de los términos fundamentales que se emplean y la articulación de estos.

Seguidamente se darán algunas pautas para realizar el desarrollo de la programación curricular colectiva, la denominada Propuesta Pedagógica de Centro es responsabilidad de los departamentos.

A continuación, nos centraremos en las situaciones de aprendizaje como concreción curricular que decanta toda esta estructura y la concreta para ser ofrecida como medio de aprendizaje para el alumnado.

El desarrollo de la segunda parte del libro será la presentación del diseño de dos situaciones de aprendizaje para diferentes cursos dentro de la especialidad de Secundaria y Bachillerato o familia profesional en el caso de la FP. En ellas lo más relevante será poner de manifiesto el discurso mental que los autores han llevado a cabo para realizar la propuesta. No importa tanto tener modelos hechos, sino entrenar cognitivamente a los destinatarios de esta guía —que son los propios profesores del Máster de Secundaria, el alumnado, los opositores y los profesores en ejercicio para su formación continua— para que puedan comprender la lógica del discurso mental que les permita tomar buenas decisiones curriculares aplicando, lo mejor posible, las premisas de los paradigmas y planteamientos teóricos a los que se ha aludido anteriormente.

En la tercera parte, se ofrecerán resultados de investigación y evidencias de la aplicación en el aula de una de las dos situaciones presentes en la guía, donde podremos comentar puntos fuertes y débiles del diseño, y las repercusiones que este planteamiento curricular tiene, en sus fases iniciales al menos, en el alumnado y su aprendizaje.

Los autores de este proyecto son en su práctica totalidad profesores del módulo específico del Máster Universitario en Formación del Profesorado de Secundaria, Formación Profesional y Enseñanza de Idiomas de la Universidad Católica de Valencia, que han formado equipos por especialidades. En todos los equipos participa al menos un profesor de Secundaria, Bachillerato o Formación Profesional según los casos que puede ser al mismo tiempo profesor del Máster o no. Todos los equipos en su conjunto y cada uno de ellos se han coordinado y formado juntos siguiendo pautas comunes para la elaboración de esta guía, y el conjunto de guías por especialidades, que constituyen el proyecto.

Capítulo 1.
Justificación y principios teóricos de la obra

A diferencia de otras disciplinas, donde la teoría y la investigación son los pilares esenciales de la práctica, en educación parece que no fuera así. No hay argumento más demoledor para una propuesta de acción distinta a lo común que tacharla de ser "muy teórica".

Lo mismo sucede cuando se alude a evidencias de "investigación educativa", que no suelen ser la lectura de cabecera de los docentes, y de las cuales parece que no se tenga excesiva confianza. En este sentido Murillo y Martínez-Garrido (2020) publicaron con el título "¿Para qué sirven las revistas de investigación educativa?" una reflexión muy interesante donde revisan por dónde va la investigación educativa, para qué se hace y las conexiones, o la desconexión, que esta tiene con la práctica y los prácticos. Las conclusiones no son muy esperanzadoras: según los autores se investiga más para publicar que para mejorar la realidad educativa y los profesores desconfían de dicha investigación educativa, en el caso de que alguna vez hayan tenido contacto con ella.

Esta obra pretende romper esta dicotomía que tanto daño hace al avance de la Educación en general. Vamos a poner sobre la mesa una serie de principios teóricos, que alineen bien las ideas, y, sobre ellas, vamos a construir coherentemente situaciones de aprendizaje.

Estas situaciones se construirán paso a paso, evidenciando la lógica de pensamiento que contribuya a la elección adecuada y el diseño preciso de cada elemento curricular. Pretendemos, en este libro y en los que forman la colección por especialidades, modelar y modelizar un discurso mental que lleve a la coherencia interna según un paradigma de enseñanza centrada en el aprendizaje.

Aunque ofreceremos una plantilla de programación, la intención es liberar — empoderar podríamos decir— a los docentes de cualquier plantilla, que las puedan emplear todas o generar otras propias, estén en la etapa profesional que estén, desde la formación inicial hasta aquellos que lleven una larga trayectoria. Y este objetivo se logrará si conseguimos apoyar una comprensión profunda del diseño curricular. El propósito de esta obra no es que se aprenda a rellenar los huecos de todos los elementos preceptivos de las situaciones de aprendizaje, con elementos más o menos ocurrentes o "de moda pedagógica", sino capacitar para decidir con fundamento y deducir qué elementos son en cada momento los mejores posibles, en función de los resultados de aprendizaje que se pretendan y del análisis de todas las variables del contexto. Este análisis lo es del alumnado, del centro y su entorno, de los medios con los que se cuenta, el tiempo del que se dispone…, pero también del universo de creencias del docente que es el que determinará su práctica.

Siguiendo a Kurt Lewin, estamos convencidos de que no encontraremos nada que transforme la realidad y potencie la innovación como una buena teoría. Los cambios en educación son lentos, costosos y es difícil que se consoliden porque no suelen abordarse desde el cambio de mentalidad sino desde el cambio de las prácticas que no arrastra de forma coherente el resto de los elementos del sistema. Este atajo suele terminar haciendo un recorrido de vuelta atrás. Coexisten ideas y prácticas que, a menudo, pertenecen a paradigmas diferentes, e incluso contradictorios, lo que genera al final incoherencias que ninguna otra disciplina científica o profesional daría por válidas. Pongamos por ejemplo la introducción de metodologías activas que se han venido dando en los últimos años sin que esto haya tenido consecuencias notables en los modelos de evaluación. O afirmar que se están desarrollando competencias cuando de lo único que se desarrolla y se evalúa de forma sistemática son los contenidos… En el fondo a los cambios e innovaciones en educación suele faltarles la reflexión de por qué se hacen las cosas y cómo lo que se introduce modifica al resto, incluida la estructura y los espacios si es preciso. La innovación en muchas ocasiones se superpone al trabajo que ya se realizaba y que, sobre todo, las creencias más implícitas y comúnmente aceptadas, impiden modificar porque dan "respuestas seguras"— o más bien consolidadas de lo que deben ser las cosas— lo que convierte a la propia innovación en sobrecarga. A veces la dificultad es externa. En Bachillerato fundamentalmente se pone de manifiesto la contradicción entre un curriculum competencial prescriptivo y unas pruebas de acceso a la universidad "que no son tan competenciales", aunque la última reforma camina en esta dirección, y que terminan convirtiendo a esta etapa en propedéutica para la prueba, que se resiste a ser modificada de forma coherente con los postulados de las propias leyes orgánicas de Educación e incluso con el EEES que debiera regir los estudios universitarios.

Otra dificultad para los cambios sistémicos es la falta de rigor al evidenciar los resultados de dichos cambios. Se promulgan leyes que pretenden modificar la realidad sin investigar sobre el resultado de las modificaciones previas.

También es un escollo, que no encontramos en otras áreas del conocimiento, la falta de consenso fundamentado lo que genera una gran diversidad de sistemas de trabajo, incluso en un mismo centro — *cada maestrillo tiene su librillo*— que manifiesta que no existe una base científico-pedagógica común —o no común— y, si se tiene, no suele ser comparable a la seguridad que ofrece la formación científico-disciplinar que el profesorado ha adquirido de su materia en su carrera, lo que les lleva a encontrar refugio en ella y a considerar "extraños", "subjetivos" y "poco académicos" los aprendizajes que no sean aprendizajes conceptuales de los que la LOMLOE está cuajada, y que están en el curriculum prescriptivo desde la LOE de 2006, que, no olvidemos, la LOMLOE modifica. Por eso, aunque estos aprendizajes más competenciales estén en el curriculum prescriptivo y son el referente de los criterios de evaluación oficiales, ni se enseñan ni se evalúan sistemáticamente. Si a esto le añadimos la dificultad de que en los centros exista un liderazgo pedagógico claro que procure la formación necesaria unida a la implementación efectiva y sostenida de líneas pedagógicas estratégicas, encontramos que la implantación de los cambios profundos en educación no terminen de despegar.

La práctica es esencial, porque nadie sabe lo que no hace. Pero la práctica es también buena reproductora de sí misma. La cantidad de práctica educativa mejora los procesos, los automatiza y consolida, pero no los puede transformar, porque para actuar en dicha práctica de forma distinta ha de haber antes una idea diferente de lo que es la Educación. Un cambio paradigmático. La innovación está en el mundo de las ideas, de la teoría. Por eso, si se propone un cambio en las prácticas educativas y no ha existido antes la formación teórica suficiente, la del mundo de las ideas, esa que a veces se denosta en nuestro campo, en parte porque no produce frutos inmediatos y los profesores nos gusta la eficacia, en parte porque la formación del profesorado no termina de capacitar para conectar con la teoría pedagógica que sustenta la innovación, no hay posibilidad de avance colectivo. La práctica, por sí misma, no es la solución. Nuestro sistema necesita de una sólida teoría que sea capaz de cambiar nuestras creencias, que siempre están presentes y que hemos de vigilar para no volver al camino transitado. Unas nuevas creencias que puedan responder a todas las preguntas clave: por qué, para qué, cómo, cuándo... generar y acompañar el aprendizaje y evaluarlo.

Sin la teoría no hay posibilidad de cambiar una profesión basada en la práctica y la experiencia, tan rica como limitada, de cada profesional que tiene, a su vez, como referente esa misma propia experiencia vivida, muchas veces como alumno, o como profesor que ha ido construyendo, con *sangre sudor y lágrimas*, su concepción de lo que es ser *un buen profesor*. Este imaginario es el que preside las miles de decisiones que los docentes tomamos cada día. Marcelo (2009).

Lejos de pretender ofrecer "modelos listos para ser consumidos", esta obra presenta, en un formato corto por especialidades, solo un par de situaciones de aprendizaje que pretenden ser, ante todo, un par de *guías de pensamiento para la creación*. Esta es nuestra pequeña aportación diferencial, como decíamos más arriba, a lo que puede hacer ya la IA, una búsqueda de situaciones de aprendizaje ya elaboradas en Internet o las que brindan las editoriales. No se trata, por tanto, de tener las "programaciones hechas", sino de capacitarnos para una creación única, original, adaptada y sobre todo coherente, bien fundamentada y propia. Igual que es difícil estudiar con apuntes ajenos, es difícil implementar diseños curriculares ajenos. Porque, cuando se diseña, se anticipa, se imagina, se integra y prevé la realidad con su contexto, con lo que puede servir o no en mi aula, con mis alumnos y con lo que yo, como docente, me siento seguro de llevar a cabo. Por supuesto esto no quiere decir que no empleemos todas las herramientas y modelos que podamos tener a nuestra disposición —incluida la IA—, pero no es lo mismo tener las programaciones hechas para ser entregadas como instrumento burocrático que tener un plan personal de acción, para mí y mis alumnos, con mis compañeros concretos, en mi centro y con las familias o tutores, de mi alumnado.

El objetivo es aprender a pensar y sistematizar cómo los alumnos deben aprender en un formato coherente con un paradigma teórico competencial. Este nos remite irremediablemente a la combinación dinámica de conceptos, procedimientos y actitudes, que se ponen en acción para resolver problemas de forma adecuada, experta, en un contexto, en una situación determinada. De ahí que las "situaciones de aprendizaje" sean una forma conceptualmente idónea de organizar el aprendizaje en este paradigma competencial en el que queremos estar.

Sin perder tiempo en asentar la teoría, sin invertir en formación, el cambio legislativo se domestica y pasa a ser nominativo. La cuestión no puede ser *"antes a esto le llamaban x y ahora dicen que hay que llamarle y. No hacen más que cambiar el nombre a las cosas"*. Llevamos décadas con el gatopardismo perfecto. Cambiamos todo para que nada cambie.

Por supuesto la responsabilidad no es del profesorado que se defiende de los agotadores cambios ideológico-legislativos y la burocracia asfixiante que solo exige sin dar nada a cambio. Pero, al mismo tiempo, este modo de proceder hace inviables las propuestas porque no se prevé ni se invierte en el cómo. Sírvanos de ejemplo el elemento nuclear de la educación por competencias que ya hemos comentado. Está presente en todas las etapas educativas hace más de 25 años y sigue sin ser una realidad. Las causas son múltiples, están descritas en numerosas investigaciones, como por ejemplo el trabajo de Contreras, González Martí y Gil (2019) que publicaban un artículo con el título "La dificultad de la implementación de una enseñanza por competencias en España" y que no podemos comentar por motivos de espacio.

Sin embargo, el propósito de este libro sí entronca con esta línea de contribución a la educación desde la teoría a la práctica. Y se concreta en contribuir a:

A. La mejora de la formación inicial del profesorado de Secundaria, Bachillerato, Formación Profesional y Enseñanza de Idiomas.

B. El cambio en la concepción del diseño curricular en general —y de las situaciones de aprendizaje de forma particular— de forma sistémica y desde el paradigma de la enseñanza centrada en el aprendizaje.

C. Mostrar cómo aplicar de forma consistente los principios teóricos del alineamiento constructivo de Biggs.

D. Aportando evidencias de investigación según la propuesta del "aprendizaje visible" de Hattie y Zierer.

A continuación, desarrollaremos cada uno de estos puntos que veremos aplicados en el resto de la obra.

A. LA MEJORA DE LA FORMACIÓN INICIAL DEL PROFESORADO DE SECUNDARIA, BACHILLERATO, FORMACIÓN PROFESIONAL Y ENSEÑANZA DE IDIOMAS

La formación inicial del profesorado no parece estar siendo la adecuada para desarrollar un curriculum competencial o, si se quiere, hace falta una formación inicial alternativa si se pretende que esto sea posible. Existen numerosos artículos que analizan este tema como por ejemplo el de Urkidi, Losada, López y Yuste (2020) que lleva por título "El acceso a la formación inicial del profesorado y la mejora de la calidad docente" que analiza el problema de la formación inicial desde el mismo momento de la selección de los candidatos a docentes. Países de referencia en

Europa, como sigue siendo Finlandia, por ejemplo, tienen claro que la inversión en educación es vital para la sociedad en su conjunto y, para que esto sea efectivo y eficiente — porque en España que la educación sea importante como idea nadie puede discutirlo —, es necesario formar lo mejor posible a los mejores. De este modo, consiguen lo que para el sistema finlandés es el mayor logro más allá de los resultados de PISA: que el colegio que tengas más cerca sea el mejor colegio y que todos se parezcan mucho entre sí en calidad y medios. Eso sí, dotándoles de autonomía en la gestión de centro y de aula. Finlandia carece de inspección educativa, la tuvo, investigó sobre la eficiencia en resultados de esta y, a la vista de las evidencias de dicha investigación, la removió para invertir esos recursos en la mejora de la calidad de cada profesor en cada aula. Es verdad que cada contexto necesita sus propias medidas, pero algunos principios, como son formar a los mejores — y no a un múltiplo elevado de candidatos indiscriminado en relación con las plazas disponibles en el sistema educativo — o basar las decisiones educativas en evidencias de investigación y no en otras como el equilibrio de intereses de los colectivos implicados o en cuestiones ideológicas— parece lógico, y les va bien.

Que para llevar a cabo las propuestas competenciales de la LOMLOE es necesario incidir en la formación inicial y continua del profesorado, así como una reforma de la profesión docente, lo dice la propia ley. La disposición adicional séptima fijó en 2020 el plazo de un año *"para realizar una propuesta normativa que regule, entre otros aspectos, la formación inicial y permanente, el acceso y el desarrollo profesional docente"*. En este momento, curso 2024-25, seguimos esperándola. Pero, al igual que la norma puede ayudar, pero no transformar la realidad educativa, tampoco el cambio en la normativa de formación solucionará el problema.

Nos gustaría añadir, al menos, una perspectiva muy interesante y es la que se plantea en la obra de Cordero y Carnicero (2021) que forman parte del observatorio sobre Educación de la Universidad de Barcelona, y cuyo título es revelador: *¿Quién forma a los futuros docentes?* No es posible cambiar el sistema solo modificando el qué, es preciso entrar en el factor humano reflexionando sobre el quién.

Un análisis del perfil del profesorado de las facultades de educación explica, en parte, que sean los contenidos y no las competencias las que en realidad dominen el panorama formativo.

De hecho, la Orden ECI/3858/2007 que regula la formación del profesorado, sirviendo de base común para todos los planes de estudios de máster que las universidades propusieron en su día y que llevan más de quince años impartiendo, establece un perfil de salida de mínimos comunes, definido por medio de una serie de competencias, que no están nada mal. Uno de los problemas más graves que tiene la universidad española para la verdadera entrada en el Espacio Europeo de Educación Superior es que define perfiles de egreso que no evalúa y verifica en sus egresados y, por lo tanto, ignora si los consigue.

Al igual que en cualquier otro título universitario, cuando un alumno egresa del Máster de Secundaria, la universidad que otorga la titulación debería garantizar que dicho egresado ha adquirido, efectivamente, las competencias que definen este perfil de egreso. Justo como veremos que plantea la LOMLOE en su "nuevo" perfil de salida. Seguramente, si esto operase en la formación inicial resultaría mucho más sencillo que el profesorado imaginara, por experiencia propia, cómo los alumnos de las enseñanzas de Secundaria y Bachillerato —no tanto los de FP pues la estructura curricular es mucho más clara desde el punto de vista competencial— cursan las asignaturas como medio para alcanzar ese perfil de salida. Las asignaturas no podrían ser concebidas como fines en sí mismas, sino como medios para alcanzar las competencias descritas en el perfil, lo que sí ocurre hoy. Las competencias del perfil de egreso del Máster, todavía en vigor, a menudo son desconocidas incluso por los protagonistas, profesorado y alumnado. Nos parece relevante recordarlas. Son, digamos, todavía adecuadas. Actualizarlas estará bien, pero, si el cambio no va más allá, volveremos al 2007 como en "el Día de la marmota".

Como evidencia de que el cambio en los curricula no es suficiente, vamos a trasladarlas aquí para recordar cuáles son, subrayaremos algunas ideas esenciales en ellas y luego comentaremos cómo el diseño de situaciones de aprendizaje, objeto de esta obra, incide de forma directa y, por lo tanto, podemos decir que contribuiremos a mejorar dicha formación inicial. Las competencias/resultados de aprendizaje del Máster son:

1. *Conocer los contenidos curriculares de las materias relativas a la especialización docente correspondiente, así como el cuerpo de conocimientos didácticos en torno a los procesos de enseñanza y aprendizaje respectivos. Para la Formación Profesional se incluirá el conocimiento de las respectivas profesiones.*

2. *Planificar, desarrollar y evaluar el proceso de enseñanza y aprendizaje potenciando procesos educativos que faciliten la adquisición de las competencias propias de las respectivas enseñanzas, atendiendo al nivel y formación previa de los estudiantes, así como la orientación de los mismos, tanto individualmente como en colaboración con otros docentes y profesionales del centro.*

3. *Buscar, obtener, procesar y comunicar información (oral, impresa, audiovisual, digital o multimedia), transformarla en conocimiento y aplicarla en los procesos de enseñanza y aprendizaje en las materias propias de la especialización cursada.*

4. *Concretar el currículo que se vaya a implantar en un centro docente participando en la planificación colectiva del mismo; desarrollar y aplicar metodologías didácticas tanto grupales como personalizadas, adaptadas a la diversidad de los estudiantes.*

5. *Diseñar y desarrollar espacios de aprendizaje con especial atención a la equidad, la educación emocional y en valores, la igualdad de derechos y oportunidades entre hombres y mujeres, la formación ciudadana y el respeto de los derechos humanos que faciliten la vida en sociedad, la toma de decisiones y la construcción de un futuro sostenible.*

6. *Adquirir estrategias para estimular el esfuerzo del estudiante y promover su capacidad para aprender por sí mismo y con otros, y desarrollar habilidades de pensamiento y de decisión que faciliten la autonomía, la confianza e iniciativa personales.*

7. *Conocer los procesos de <u>interacción y comunicación en el aula</u>, dominar destrezas y habilidades sociales necesarias para fomentar el aprendizaje y la convivencia en el aula, y <u>abordar problemas de disciplina y resolución de conflictos</u>.*

8. *Diseñar y realizar <u>actividades formales y no formales</u> que contribuyan a hacer del centro un lugar de <u>participación y cultura en el entorno donde esté ubicado</u>; desarrollar las funciones de <u>tutoría y de orientación de los estudiantes de manera colaborativa y coordinada</u>; participar en la <u>evaluación, investigación y la innovación de los procesos de enseñanza y aprendizaje</u>.*

9. *Conocer <u>la normativa y organización institucional del sistema educativo y modelos de mejora de la calidad</u> con aplicación a los centros de enseñanza.*

10. *Conocer <u>y analizar las características históricas de la profesión docente</u>, su situación actual, perspectivas e interrelación con la realidad social de cada época.*

11. *<u>Informar y asesorar a las familias acerca del proceso de enseñanza y aprendizaje</u> y sobre la orientación personal, académica y profesional de sus hijos.*

Si, como se pretende para el futuro inmediato del sistema educativo consolidando así el espacio europeo de educación, deberán evaluar y certificar el nivel alcanzado por cada alumno en cada una de estas competencias una de las variables más controlables, que es la formación inicial, ayudaría en la transformación que necesita el sistema. Si esto se diera también en el Máster, ¿qué director no desearía contar en su claustro con profesores con estas "viejas" competencias realmente adquiridas y acreditadas?

De todas ellas, la obra que ahora presentamos incide al menos en las seis primeras, ya que el diseño curricular, plasmado en situaciones de aprendizaje, es un acto de creación en el que confluyen el conocimiento profundo del contenido del curriculum — saberes básicos y otros—, así como las didácticas específicas de cada especialidad (C1). Por otra parte, trataremos tanto el diseño colectivo del curriculum — el difícil paso de la adaptación del curriculum oficial al del centro a través de los departamentos y equipos docentes — como la articulación de la programación a través de dichas situaciones de aprendizaje (C2). La adopción del paradigma competencial, centrado en el aprendizaje, exigirá la transformación de la información en conocimiento al poner el acento en los aprendizajes y no en el contenido (C3). Decidiremos, además, qué metodología es la más oportuna en cada caso y lo justificaremos para el desarrollo de todos y cada uno de los alumnos. En esto los principios del diseño universal del aprendizaje (DUA) serán de gran ayuda (C4). La competencia número 5, podemos considerar que anticipa en 2007 las propuestas de la UE con la revisión de las competencias clave de 2018 y los ODS de Naciones Unidas, recogidos como norma en la LOMLOE. Por lo tanto, estarán presentes también en las situaciones de aprendizaje. Por otra parte, esta misma competencia señala como primer elemento el *diseño de espacios de aprendizaje* que están implícitos en la construcción de las situaciones, si es que estas, como debe ser, se preocupan de la generación de experiencias de aprendizaje bien contextualizadas. La propuesta de formación y generación del pensamiento está dentro de la macro-competencia de aprender a aprender Gargallo y López (2021). Y, como no se puede enseñar a pensar sin actividad de pensamiento o sin objeto sobre el cual pensar, tal como se presenta en Jiménez, Angelini y Tasso (2020), la elección de la metodología — en las actividades formativas que el alumnado ha de realizar para aprender— potencian o limitan el desarrollo del pensamiento en sus diversas vertientes. La elección de las metodologías, por lo tanto, debe realizarse desde esta perspectiva. Que una asignatura, cualquiera, potencie o limite el pensamiento crítico, por ejemplo, de un alumno depende de cómo se trabaje en ella y no de la asignatura en sí misma.

B. AL CAMBIO EN LA CONCEPCIÓN DEL DISEÑO CURRICULAR EN GENERAL —Y DE LAS SITUACIONES DE APRENDIZAJE DE FORMA PARTICULAR— DE FORMA SISTÉMICA Y DESDE EL PARADIGMA DE LA ENSEÑANZA CENTRADA EN EL APRENDIZAJE

El cambio del paradigma, que está por llegar a la práctica de nuestro sistema educativo, ya se formuló en los noventa del siglo pasado. Dos figuras de referencia son Robert Barr y Jhon Tagg que publicaron en 1995 el artículo titulado "From Teaching to Learning" donde realizaban, entre otras consideraciones, un análisis comparativo de los elementos que caracterizan a la educación centrada en la enseñanza y aquella que se centra en el aprendizaje. De las diversas categorías de análisis que estos autores presentan en dicho artículo vamos a seleccionar, traducir y adaptar a nuestro contexto las que mejor nos ayuden a fundamentar las decisiones que plasmaremos en las situaciones de aprendizaje tal como las concebimos en esta obra. Es también la respuesta a por qué la definición de los aprendizajes pretendidos, que en nuestro ordenamiento se encuentran formulados en los criterios de evaluación, son nuestro punto de partida a la hora de diseñar el curriculum de aula y la razón por la que las situaciones de aprendizaje no son arbitrarias sino necesarias y coherentes con este paradigma.

Paradigma centrado en la enseñanza	Paradigma centrado en el aprendizaje
La finalidad de la educación	
Instruir	Generar aprendizaje
Enseñar es transferir conocimientos del profesorado al alumnado. Por eso la clase magistral es la metodología dominante.	Fomentar por medio de la actividad del estudiante el descubrimiento y la construcción del conocimiento. Se imponen las metodologías activas.
Impartir cursos y transmitir temarios	Crear entornos que potencien el aprendizaje
La meta es mejorar la calidad de la enseñanza	La meta es mejorar la calidad del aprendizaje

Se pretende la inclusión del alumnado diverso	Se procura el éxito de todos los estudiantes por diversos que sean
Planificación y estructura de la enseñanza y del aprendizaje	
Visión atomizada: las partes primero y el todo se integrará después (si se puede)	Visión holística: el todo antecede a las partes para que estas cobren sentido.
El tiempo disponible es invariable y el aprendizaje debe ajustarse a él	El aprendizaje es lo esencial y el tiempo es variable y está en función de dicho aprendizaje
Sesiones de clase de la misma duración con temas de similares dimensiones	Creación de entornos de aprendizaje donde se viven experiencias que pueden diferir mucho en el tiempo que precisan
Todas las clases se inician y terminan al mismo tiempo	Unido al rasgo anterior, los entornos de aprendizaje se agotan cuando el estudiante aprende
Un profesor con un grupo en un aula	Es valiosa cualquier experiencia que sirva para aprender lo que abre los espacios y los agentes de aprendizaje posibles
La asignatura manda y los departamentos son independientes	La realidad no está dividida por asignaturas por lo que la colaboración entre estas y los departamentos es habitual y necesaria
El listado de contenidos (el temario) manda	El referente esencial son los resultados específicamente definidos del aprendizaje
El peso de la evaluación final es lo importante y se produce una vez finalizada la instrucción.	Se emplean y complementan la evaluación inicial, la evaluación formativa y la final o sumativa.
La calificación, lo que se va a valorar y en qué medida, depende del profesor que imparte la asignatura y es él quien evalúa.	La evaluación del aprendizaje, al estar definido previamente, puede ser externa.

La evaluación no es transparente desde el principio. Es un asunto privado.	La evaluación es pública y transparente. El alumno sabe de qué aprendizajes se le va evaluar, mediante que pruebas y cuáles son los criterios que se emplearán en la calificación de los aprendizajes
Superar una asignatura (u otra unidad curricular) supone "acumular méritos" por las tareas realizadas o las notas conseguidas, en muchas ocasiones habiendo perdido la referencia de los verdaderos resultados de aprendizaje pretendidos	Superar una asignatura (u otra unidad curricular) supone la verificación de los aprendizajes adquiridos comparándolos con los previamente definidos (resultados de aprendizaje pretendidos) para ello se emplearán pruebas capaces de evidenciarlos sin perder nunca la referencia de dichos aprendizajes.
Los roles de los protagonistas del binomio enseñanza/aprendizaje	
Como lo que importa es el contenido a transmitir el profesor es un "conferenciante" que cuenta/explica el temario. Al centro educativo se va a saber qué hay que aprender y luego se estudia	El profesorado tiene como misión esencial la de diseñar entornos, ámbitos, experiencias que propicien el aprendizaje. Al centro educativo se va a aprender.
Los profesores y los estudiantes no interactúan. Cada uno tiene su papel y pueden funcionar de forma aislada.	Los profesores, los estudiantes e incluso otros agentes educativos trabajan en equipo y tienen a los resultados del aprendizaje del alumno como meta.
Los profesores clasifican y seleccionan a los estudiantes.	Los profesores trabajan en equipo y desarrollan las competencias y el talento (-s) de cada estudiante lo máximo posible
Lo importante de un profesor es que sepa de su materia. Cualquiera puede enseñar si su formación de base es la adecuada al contenido	Partiendo de la base de que nadie puede enseñar lo que no sabe, lo importante de un docente es que sepa retar al intelecto del alumnado generando situaciones complejas y motivadoras.

En las situaciones de aprendizaje que proponemos estarán presentes estos principios de forma que cada elemento curricular pueda verse reflejado en alguno de los rasgos de la columna de la derecha que describen el paradigma de la enseñanza centrada en el aprendizaje.

En el paradigma centrado en el aprendizaje, según Barr y Tagg, se parte de la identificación de los conocimientos y habilidades -hoy diríamos resultados de aprendizaje- que el alumnado debe adquirir. Los encontraremos como punto de partida en el curriculum oficial. A partir de ahí, la clave estará en determinar cuál será la evaluación válida y adecuada a la descripción de aprendizajes pretendidos realizada a través de los criterios de evaluación, poniendo especial interés en los **verbos** utilizados que van a determinar las acciones y el nivel de las mismas — recordemos las taxonomías — con sus criterios e instrumentos de calificación. El resto de los elementos curriculares: saberes básicos y otros saberes, metodologías, agrupamientos, materiales, tiempos, ...se deducirán prácticamente de estas premisas. Del bagaje pedagógico del diseñador dependerá el abanico de posibilidades válidas que se pueden poner en juego con garantías de éxito. El marco, el hilo conductor y la finalidad operativa de todas estas propuestas, que son sistémicas y por lo tanto interdependientes, será la situación de aprendizaje.

C. MOSTRAR CÓMO APLICAR DE FORMA CONSISTENTE LOS PRINCIPIOS TEÓRICOS DEL ALINEAMIENTO CONSTRUCTIVO DE BIGGS

En línea con lo expuesto en el apartado anterior donde se aboga por un planteamiento holístico que tiene como punto de partida y llegada el aprendizaje, las aportaciones del profesor John Biggs (2005) profundizan en cómo llevar a cabo las propuestas de la enseñanza centrada en el aprendizaje que proponen Barr y Tagg, y desarrolla una teoría ampliamente aceptada denominada *alineamiento constructivo,* de la que únicamente presentaremos algunos rasgos. Biggs determina que para el aprendizaje existen 5 componentes críticos que son:

1) Los contenidos que de la enseñanza.

2) Los métodos de enseñanza que se utilizan.

3) Los procedimientos de evaluación que se emplean, así como los métodos que se usan para comunicar los resultados.

4) El clima que se crea en las interacciones con los estudiantes.

5) El clima institucional, las reglas y procedimientos que se han de seguir y cumplir.

El control que el profesor tiene sobre estos elementos clave es diverso. Quizá el último, relativo al clima institucional sea sobre el que menos control puede ejercer (Gargallo, 2017). Por eso, el establecimiento de un curriculum de centro basado en decisiones pedagógicas y organizativas bien justificadas y coherentes con lo que se pretende es esencial. La propia normativa lo establece como elemento previo al inicio del trabajo de programación. Un elemento del que no habíamos hablado hasta ahora es el que aparece en cuarto lugar: *el clima que se crea en las interacciones de los estudiantes.*

Todos los docentes somos conscientes de la importancia que para el aprendizaje tiene este clima y la relación interpersonal. En el fondo la educación es una suerte de interacción de persona a persona por el medio que sea. El empleo de metodologías activas, donde el alumno realiza el trabajo de aprendizaje y construye el conocimiento, genera muchas más ocasiones de interacción. De ahí que la aportación desde el constructivismo que realiza Biggs, con la apuesta por la actividad del estudiante sea muy adecuada.

La solución de un problema, la elaboración de un producto en unas determinadas circunstancias, ... que el profesor previamente ha organizado para que sea vivida como experiencia —propia de las situaciones de aprendizaje— va a proporcionar las ocasiones oportunas. Estas son mucho más difíciles en una enseñanza donde el profesor es un emisor casi único y que tiene por receptor a un colectivo, el grupo clase, que es diverso, con un solo emisor y un mensaje unívoco, sin poder definir ajuste alguno para adecuarse a esta diversidad. Una pregunta frecuente que se hacen los profesores conscientes de este problema cuando explican es: *"¿para quién explico hoy?"* Sin denostar en absoluto la clase magistral, que es en muchos casos necesaria, debemos apostar por el protagonismo de la construcción del aprendizaje. En la clase magistral también esta construcción es posible, pero depende de la atención, la posibilidad de conexión del conocimiento previo del alumno con los que el profesor transmite y del trabajo invisible de un alumno que quizá, dado que se le suele pedir en la evaluación pura reproducción, decida estudiar más tarde, eso que "el profesor está contando" a lo que seguramente tendrá acceso en distintos formatos.

En el alineamiento constructivo de Biggs la clave está en el establecimiento del curriculum en objetivos claros, que desde la perspectiva centrada en el aprendizaje se tornan en la definición precisa de resultados de aprendizaje descritos en los criterios de evaluación. Estos señalan, gracias a los verbos empleados, el nivel de comprensión o ejecución requerido. No es un temario que haya que conocer y reproducir. La formulación de criterios de evaluación que se plantea en la LOMLOE con el modelo de verbo de acción + sobre qué actúa el verbo + en qué circunstancia/con qué finalidad, —que es también la forma en que encontramos los criterios de evaluación del curriculum oficial en Secundaria y Bachillerato y en Formación Profesional gracias a la estructura de criterios y resultados— nos permite a un tiempo complejidad y concreción siendo esa formulación, concreta y precisa, la que ha de regir el resto de los elementos en función de la probabilidad de éxito que estimemos para llegar a los aprendizajes establecidos, tal y como se fijaron.

Para poder auxiliarnos en la determinación de la profundidad de los aprendizajes y su progresión, que debe quedar patente en la formulación de los criterios, están las taxonomías. En muchas ocasiones el criterio de evaluación del curriculum es finalista —está establecido para el momento último de la asignatura dure esta un curso o más— y no es frecuente que su adquisición se alcance de una sola vez, ni sin proponer un itinerario adecuado. Más arriba se hablaba del profesor como "tomador de decisiones", decidir la ruta de aprendizaje mediante la definición específica y progresiva de los mismos es una competencia profesional esencial. La más empleada de estas taxonomías es la de Bloom, que data de la década de los 50 del siglo pasado, y que ha tenido algunas actualizaciones. También Biggs ha propuesto su propia taxonomía denominada SOLO por sus siglas en inglés (Structure of the Observed Learning Outcomes).

Una situación de aprendizaje, al igual que una unidad de programación de cualquier nivel de concreción, nunca debe "relacionarse" con un criterio de evaluación. La "definición" clara de los aprendizajes pretendidos, que corresponde a dichos criterios de evaluación, es la base del alineamiento según Biggs. Si este referente se desdibuja con un vínculo débil —como el que se establece con la muy extendida expresión "está relacionado con"— perdemos la posibilidad de alinear el resto de los elementos y ponerlos al servicio del aprendizaje. Cuando esto sucede, que desafortunadamente es muy frecuente y hay que estar muy vigilantes para que no ocurra, la evaluación se desdibuja y se vuelve arbitraria. Se otorga valor a la prueba o al trabajo realizado o se cambian puntos por comportamientos, y no se puede contrastar el aprendizaje pretendido con el realmente adquirido (porque ya no se sabe exactamente que se pretendía verificar). En el lugar del aprendizaje vuelve por sus fueros el contenido, claro, "objetivo", fácil de evaluar. Y, sin querer, nos deslizamos de paradigma y aparece el protagonismo del profesor, el temario como fin y la evaluación de lo transmitido como modelo, que tiene un buen acomodo en el tradicional examen, donde la verificación de los resultados de aprendizaje que, recordemos, vienen determinados por un verbo de acción, sobre qué actúa ese verbo —los contenidos o saberes— y en qué circunstancia, son muy difíciles de valorar, cuando no imposibles. De hecho, el análisis del qué y cómo evalúa un centro educativo es un indicador clarísimo de cuál es en realidad la impronta educativa y pedagógica del mismo. Seguro que hay mucho más, pero se desarrolla en el curriculum oculto.

D. APORTANDO EVIDENCIAS DE INVESTIGACIÓN SEGÚN LA PROPUESTA DEL "APRENDIZAJE VISIBLE" DE HATTIE Y ZIERER.

Por último, otro de los pilares del proyecto es la propuesta del denominado "aprendizaje visible" de Hattie y Zierer (2017). Para llegar a sus conclusiones, los autores realizaron más de 900 metaanálisis sobre más de 50.000 artículos de investigación, 150.000 tamaños de efectos y 240 millones de alumnos. Entre otras, es inspiradora la siguiente conclusión: "Es importante lo que hacen los profesores, pero lo más importante tener el marco conceptual adecuado en relación con el impacto que tiene aquello que ellos hacen" (p.31).

Saber cuáles son los resultados reales de la acción educativa en términos de aprendizaje es el motor de cambio que se ha demostrado más eficaz. Los mismos autores abogan por la toma de decisiones basadas en evidencias e inciden en que en Educación no siempre son las evidencias, fundamentadas en investigación, la base de dichas decisiones. El proyecto quiere ser una pequeña aportación en esta línea. Por eso una de las dos situaciones de aprendizaje que se presentan en esta guía ha sido aplicada y se han recogido evidencias de los resultados de dicha implementación y se presentan sistematizados en la última parte. El método empleado es cualitativo y no pretende generalización sino más bien comprender el fenómeno de la implementación, en muchos casos por vez primera, de una situación de aprendizaje en un determinado grupo-clase. El análisis se asociará a los perfiles de los alumnos y, por lo tanto, se establecerá un estudio de casos múltiple que permitirá, junto con la percepción del profesor-investigador participante, triangular las percepciones y ganar en la fiabilidad de los resultados.

Referencias bibliográficas

Barr, RB y Tagg, J. (1995). *De la enseñanza al aprendizaje: un nuevo paradigma para la educación de pregrado*. Change: The magazine of higher learning, 27 (6), 12-26.

Biggs, J. (2005). *Calidad del aprendizaje universitario*. Madrid: Narcea.

Contreras, O. R., González—Martí, I., y Gil, P. (2019). *La dificultad de la implementación de una enseñanza por competencias en España*. Archivos Analíticos de Políticas Educativas, 27(121).

Cordero, G. y Carnicero, P. (2021) *¿Quién forma a los futuros docentes? Un estudio conjunto en cuatro países*. Barcelona. Octaedro

Gargallo y Pérez-Pérez (2021) (Coord.) *Aprender a aprender competencia clave en la sociedad del conocimiento. Su aprendizaje y enseñanza en la universidad*. Valencia: Tirant.

Gargallo, B. (2017) *Enseñanza centrada en el aprendizaje y diseño por competencias en la universidad. Fundamentación, procedimientos y evidencias de aplicación e investigación*. Valencia. Tirant Humanidades.

Hattie, J., y Zierer, K. (2017). *Mindframes for visible learning: Teaching for success*. London. Routledge.

Jiménez-Rodríguez, M.A., Angelini, M.L. y Tasso, Ch. (Edit.) (2020) *Orientaciones metodológicas para el desarrollo del pensamiento crítico*. Barcelona: Octaedro.

Ley Orgánica 3/2020, de 29 de diciembre, por la que se modifica la Ley Orgánica 2/2006, de 3 de mayo, de Educación.

Marcelo García, C. (2009). *Pensamientos pedagógicos y toma de decisiones de los profesores en la planificación de la enseñanza*. Enseñanza & Teaching: Revista Interuniversitaria de Didáctica. Recuperado a partir de https://revistas.usal.es/tres/index.php/0212—5374/article/view/3289.

Murillo, F. J. y Martínez-Garrido, C. (2020). *¿Para qué sirven las revistas de investigación educativa?* Aula Magna 2.0. [Blog]. Recuperado de: https://cuedespyd.hypotheses.org/8298.

Orden ECI/3858/2007, de 27 de diciembre, por la que se establecen los requisitos para la verificación de los títulos universitarios oficiales que habiliten para el ejercicio de las profesiones de Profesor de Educación Secundaria Obligatoria y Bachillerato, Formación Profesional y Enseñanzas de Idiomas.

Urkidi, P., Losada, D., López, V., y Yuste, R. (2020). *El acceso a la formación inicial del profesorado y la mejora de la calidad docente*. Revista Complutense De Educación, 31(3), 353-364. https://doi.org/10.5209/rced.63476.

Capítulo 2.
Arquitectura del curricular de la LOMLOE.
Del currículo oficial al de aula

El currículo oficial es una parte esencial del sistema educativo de un país. Evidentemente, no es la única y necesita de otros factores que lo hagan posible. Mmantsetsa Marope, exdirectora de la Oficina Internacional de Educación de la Unesco, puso de manifiesto su importancia señalando algunos elementos clave que merece la pena reproducir:

El currículo preside la enseñanza, el aprendizaje y la evaluación. Determina:

· El entorno físico de enseñanza y aprendizaje (infraestructuras, libros y materiales de aprendizaje, consumibles, mobiliario, equipos, etc.).

· El personal educativo, especialmente el profesorado.

· El currículo de los estudiantes determina los currículos para la formación inicial del profesorado y para el desarrollo profesional continuo.

· La coherencia en los elementos clave de los sistemas es fundamental para la eficacia del sistema y la eficiencia de los recursos (Marope, 2017, p. 31.).

Si en el primer capítulo señalábamos el problema de disociación entre la investigación y la práctica educativa, en esta ocasión no tenemos más remedio que señalar la falta de conexión entre el currículo oficial y el currículo efectivamente desarrollado en las aulas. Desde la LOE de 2006 llevamos procurando, teóricamente, llevar a cabo un currículo por competencias. En este momento seguimos pretendiéndolo y estamos lejos de que sea una realidad. Para explicar esta falta de coherencia entre ambos currículos podemos volver sobre el texto de Marope.

En primer lugar, y centrándonos en la etapa de Secundaria, Bachillerato y Formación Profesional, no es el currículo oficial—que pretende competencias— el que preside el binomio de enseñanza-aprendizaje y que sigue estando centrado en contenidos. Una de las claves fundamentales para el cambio la da la propia Marope cuando termina la frase con el tema de la evaluación. Es la evaluación la que guía los procesos tanto de lo que los profesores enseñan como los de las estrategias que los alumnos despliegan. Fijémonos en lo que sucede en las pruebas de acceso a la universidad. Se trata de una evaluación que determina el proceso de enseñanza y aprendizaje reales. Como esto es así, nuestra propuesta de diseño comienza, una vez definido el contexto, en identificar con precisión la evaluación tal como se ha propuesto en trabajos anteriores (Jiménez-Rodríguez 2011, 2019a,2019b).

Si el currículo real no ha dado el paso a ser competencial tampoco ha hecho falta cambiar los recursos materiales — el entorno físico de la enseñanza— y podríamos añadir los organizativos o funcionales— como la función de la inspección, la gestión pedagógica, no administrativa, de los centros y, fundamentalmente la organización de la enseñanza medida en horas/semana por asignatura y un calendario fijo, con un espacio para los alumnos y no para el aprendizaje, y un profesor por grupo, que son la base material-funcional del paradigma anterior — y, si hubieran cambiado, sin modificar el paradigma y el resto de factores, posiblemente hubieran sido inútiles pues los que tenemos se adecuan bien al modelo real que los generó y "determinó".

El siguiente elemento es el personal. Podemos agrupar tanto el profesorado en ejercicio como el que está en formación. Tenemos un gravísimo problema con la formación inicial y también con la formación permanente. Posiblemente la clave —más allá de que los planes de estudio de las universidades pueda o no estar desactualizados pues la Orden que los regula data de 2007 y se espera una nueva en 2025-— la encontramos en la pregunta recogida en la obra que lleva por título "¿Quién forma a los futuros docentes?" que coordinaron en 2021 Graciela Cordero y Paulino Carnicero y que aglutina a numerosos investigadores del Observatorio Internacional de la Profesión Docente liderado por Imbernón en la Universidad de Barcelona. El perfil de estos formadores suele estar marcado por los estudios iniciales. Los formadores de educadores en las universidades mantienen fidelidad a este ámbito de conocimiento en el que normalmente investigan y publican. Están en Educación, pero son y se sienten del ámbito de conocimiento del que proceden que es del que tiene formación, donde se sienten seguros y que, desde una visión disciplinar, más pueden aportar. Paradójicamente, están formado educadores profesores doctores en múltiples disciplinas sin un crédito formal de formación en Ciencias de la Educación y sin experiencia alguna de docencia en Enseñanzas Medias. A nivel institucional el claustro de Máster de Secundaria se complementa con profesores asociados que ejercen en las enseñanzas medias, donde la experiencia y el autodidactismo son lo habitual, estos tienen a su favor su propia experiencia, pero siguen sin formación específica sobre Educación. Cuando estos formadores de formadores enseñan lo hacen de lo que saben, como no puede ser de otra manera.

Por último, Marope establece la coherencia entre los elementos clave para la eficacia del sistema y la eficiencia de los recursos. Con lo dicho hasta ahora podemos ver como esta coherencia interna, este alineamiento, es muy complicado. Tiene los pies en dos paradigmas diferentes. Pero el real se parece mucho más al centrado en la enseñanza que aquel que está centrado en el aprendizaje, como pretende el legal-oficial. Como, además, el resto de los elementos que señala Marope no han acompañado su implantación y el pacto educativo en nuestro país no interesa políticamente, hemos tenido, y desafortunadamente tendremos, cambios continuos de leyes fallidas o, como mucho, un sistema educativo burocratizado y asfixiante donde lo oficial y lo real solo se encuentran en dicha burocracia.

El currículo que se presenta desde la LOE de 2006 hasta la LOMLOE de 2021 pretende ser competencial. Coll y Martin, (2022) establecen 4 principios para que los aprendizajes lo sean. En primer lugar, que los conocimientos se pongan en acción, que se apliquen. Para ello lógicamente hay que adquirirlos y es en la memoria donde residen. Es falso que con el aprendizaje competencial los alumnos tienen que aprender menos. Sin embargo, sí hay que aprender mejor, porque los conocimientos hay que activarlos y utilizarlos de forma integrada y articulada para responder a situaciones específicas. En segundo lugar, se han de integrar distintos tipos de conocimiento. Las competencias son sinónimo de combinación y de complejidad, por ello la inclusión de distintos tipos de saberes es pertinente y necesaria. Además, en tercer lugar, los contextos son importantes porque las competencias son respuestas a problemas que se plantean en ellos. Tanto el aprendizaje como la evaluación debe estar contextualizada. Y. por último, incidiendo nuevamente en la evaluación, es en la acción, en la ejecución del conocimiento donde se puede realmente establecer el grado de consecución de los aprendizajes.

Estos cuatro elementos se dan en las situaciones de aprendizaje y no necesariamente en las unidades didácticas lo que explica la necesidad de articular el currículo a través de las primeras.

La LOMLOE presenta algunos conceptos clave que más allá de domesticarlos identificándolos sin más con lo ya conocido cambiando solo el nombre, merece la pena entender. Son las ideas las que tienen la capacidad de cambiar la práctica y sin nuevos conceptos, nuevos significados, no hay posibilidad de pensar diferente y, en esto, el currículum actual ha hecho un esfuerzo que puede dar sus frutos. Por otra parte, para que el currículo oficial no se convierta en monolítico y cerrado, perdiendo así la posibilidad de ejercer la libertad de enseñanza de instituciones y centros y hacer realidad la adaptación a los contextos —que se ha demostrado como uno de los factores más eficaces para el aprendizaje— presentaremos a un tiempo la "arquitectura" de los elementos clave del currículo de LOMLOE y cuál puede ser el trabajo que, desde nuestra propuesta, se ha de hacer para tener un currículo institucional y de centro, coherente y bien alineado. Este último elemento, la alineación curricular, es clave en los avances que esta Ley propone en lo pedagógico. La articulación coherente desde las asignaturas a las competencias se "garantiza" y se explicita vinculando los criterios de evaluación a las competencias clave mediante las competencias específicas. Veremos cómo.

EL PERFIL DE SALIDA, LOS DESCRIPTORES Y EL MODELO INSTITUCIONAL DE LOS CENTROS.

Un elemento relativamente nuevo es el establecimiento de los perfiles de salida para cada etapa — Educación Primaria, Secundaria y Bachillerato y en algunas CCAA han determinado también el perfil de E. Infantil— a través de la concreción de las competencias clave por medio de descriptores. De este modo, más allá del nombre que puede sugerir unos u otros aprendizajes necesarios, se establecen un conjunto de mínimos que pueden orientar la acción y facilitan compartir significados. Dichos perfiles emplean los mismos descriptores, que son desempeños o acciones que el alumno debiera poder realizar al finalizar la etapa correspondiente, a lo largo de todo el itinerario formativo. Que los descriptores sean desempeños es muy importante porque facilita un horizonte claro y también la evaluación. En Formación Profesional, mucho más diversa en su propósito formativo, se establecen también dichos perfiles que se despliegan luego en competencias y resultados de aprendizaje. Además, las Competencias Clave, que en un principio se circunscribieron para la educación obligatoria, se fueron integrando en otras etapas y momentos educativos completándose con "Competencias Clave para un Aprendizaje a lo Largo de la Vida" que la Unión Europea incorporó en 2010 al resto de aprendizajes, incluida la Formación Profesional.

El perfil de salida está al servicio del objetivo principal del Sistema Educativo que es: "Lograr que todas y todos los jóvenes alcancen su máximo desarrollo integral, en un contexto de igualdad de oportunidades, adquiriendo las competencias que les permitirán desenvolverse con garantías en la sociedad global de las próximas décadas" (Preámbulo de la LOMLOE).

La elaboración de este perfil secuenciado tiene diversas fuentes: el proyecto DeSeCo de la OCDE de 2002, la revisión de las competencias clave realizada en 2018 en el seno de la UE e incorpora aspectos de otros acuerdos y documentos internacionales como son los ODS de la ONU o *Key Drivers of Curricula Change in the 21st Century* de la Oficina Internacional para la Educación de la UNESCO.

A partir de la revisión del 2018 las ocho competencias clave incorporan en su definición tres elementos nuevos. En la definición anterior se decía que *son aquellas que todas las personas precisan para su realización y desarrollo personales, la integración social, la empleabilidad y la ciudadanía activa*. A las que se han añadido tres finalidades más, acordes con los tiempos y son: *Un estilo de vida sostenible, éxito en la vida en sociedades pacíficas y un modo de vida saludable*.

Las Competencias Clave se concretan a través de los descriptores operativos que son, como decíamos al inicio, desempeños propios de cada una de dichas competencias. En ellos se incorporan los conocimientos, las destrezas y las actitudes que el alumnado debería adquirir y desarrollar al término de la Enseñanza Básica. Para establecerlos se han elaborado contextualizando para España los marcos europeos y sirven para operativizar las competencias desde un punto de vista curricular.

Pero si los centros, de cualquier tipo, quieren que su propuesta de formación no quede desarticulada, la adaptación debe empezar en este punto. El perfil de salida de la Ley es común y de mínimos, por lo que se ha de asumir por parte de las comunidades educativas. A partir de ahí, habrá que incorporar las propuestas de su propio proyecto educativo.

Esta incorporación no se debe hacer por yuxtaposición. Salvo que la propuesta de formación humana que todo centro debe ofrecer quede relegada a lo extracurricular y al currículo oculto, un centro no debería tener la bicefalia de la instrucción "escolar" y, por otra parte, debe darse la formación "personal" que es objeto de tutorías, campañas, y "actividades diversas. Cuando pensamos así, que es muy común, en el fondo seguimos pensando que en clase se aprenden cosas que derivan de las diversas ciencias. Lo de la educación integral—que teóricamente es el centro y fin del currículo oficial— es algo que se procura y desea pero que no se integra en la dinámica del currículo explícito-real por mucho que el currículo prescriptivo lleve dos décadas proponiéndolo como obligatorio en leyes orgánicas.

La reflexión conjunta y el trabajo realizado con algunas instituciones educativas nos ha llevado a plantear con éxito la integración de la propuesta curricular legal con la propia. ¿Cómo hacerlo? Pues teniendo el perfil de salida oficial como punto de partida ya que este es preceptivo. A partir de él contrastamos las propuestas educativas que derivan del "carácter propio". En este proceso de comparación encontramos elementos que son propios de la legislación, otros, muchos, que son comunes a la propuesta oficial y a la propia, y en tercer lugar propuestas educativas que solo encontramos en las instituciones. El currículo del centro, si quiere ser fiel a la sociedad y su propia propuesta que es pública y vinculante, debe integrar en estos últimos al perfil de salida y convertir sus fines educativos en currículo de aula, propio y legítimo de cada una de las asignaturas.

Los elementos propios se integran entonces en los distintos niveles de los perfiles de salida. Esto se hace bien añadiendo—nunca reduciendo— algunas características a los descriptores que figuran en la Ley o bien introduciendo en el listado de descriptores alguno nuevo que pueda concretar las finalidades educativas que superan lo planteado en el currículo oficial.

De las tres categorías descritas más arriba — lo que solo encontramos en la legislación, lo que es común y lo que es propiamente institucional— solo la tercera, exclusiva de los centros, no está categorizada por etapas educativas. Por lo tanto, procederemos a completar el perfil de salida por la etapa de mayor recorrido curricular — por ejemplo, el Bachillerato si se trata de un instituto o de un centro integrado— elaborando un itinerario progresivo —regresivo en este caso—de estos mismos descriptores en las etapas precedentes con el modelo de los oficiales. De este modo tendremos un perfil de salida propio y absolutamente necesario para poder después contextualizar el resto de los elementos curriculares, sin que falte la finalidad, en todos los aprendizajes y podamos, en los centros, no solo enunciar cuáles son nuestros grandes objetivos educativos, sino también desarrollarlos en las aulas y evaluarlos. Esto podemos hacerlo ahora mejor que en el pasado gracias al alineamiento curricular del que ha dotado la LOMLOE al sistema y que seguiremos explicitando a continuación por medio de sus elementos clave.

LAS COMPETENCIAS ESPECÍFICAS

La LOMLOE "no se ha atrevido", como suele decir Javier Valle (2021), uno de los artífices de esta Ley, a proponer un currículo directamente competencial. Si se pretende que el alumnado adquiera competencias parece que el camino correcto hubiera sido establecer una serie de experiencias de aprendizaje que las procuraran de forma inmediata. Pero no ha sido así, pues el currículum escolar sigue centrado en un desarrollo de conocimientos científico-culturales donde el objeto de la enseñanza puede ser prioritario sobre el sujeto que aprende que es el ámbito de las competencias.

Las competencias no se pueden dar si no existen las personas que las adquieren dado que en fondo son "atributos" que configuran a los individuos y que pueden ser aprendidas, es decir forman y conforman la imagen o "el perfil" que alguien puede tener y ser.

A mitad de camino entre las asignaturas tradicionales y las competencias aparecen las "competencias específicas". De forma ordinaria pensamos que la meta se obtiene por medio de pasos más concretos y simples que nos van llevando a ella, que lo general se alimenta de lo específico.

En este nuevo concepto de las *competencias específicas* vemos claramente la "disfunción" de pretender competencias clave y articular el currículo por asignaturas.

De forma intuitiva las competencias específicas pensamos que podrían ser las competencias clave, concretadas en otras más simples o, como su propio nombre indica, estas especificarían aquellas, pero no es así. Como el currículum sigue siendo por materias o asignaturas las competencias específicas se proponen como los objetivos de aprendizaje, eso sí competenciales, de cada una de las asignaturas.

Es cierto que haber pasado de un currículo real por asignaturas a uno "legal" por competencias habría tenido consecuencias poco controlables. Por una parte, esta opción es positiva: haber pasado de asignaturas a competencias hubiera introducido tal caos en el sistema que lo hubiera tensionado excesivamente. No hay ejemplos vivos suficientes en nuestro contexto a los que poder imitar ni existe la formación capaz de asumir este gran cambio. Por otra, es negativa: Pues seguir con el esquema de asignaturas, sobre todo como es nuestro caso, en la enseñanza media y Formación Profesional, remite al contenido disciplinar de siempre en primera instancia y vuelve a poner el foco en los conocimientos propios de cada ámbito científico. En él el profesorado se siente más seguro y cómodo, y va a hacer muy difícil completar el objetivo general de formación integral que enunciábamos antes, objetivo que, por otra parte, no es en absoluto nuevo y que existe, pero que sigue quedando en el terreno del currículo oculto. Está claro que los criterios de evaluación, donde deberíamos mirar a la hora de saber qué enseñar y evaluar, son competenciales, pero llevan siéndolo desde el 2006 y no ha sucedido nada relevante. La distancia entre los criterios legales y los reales es excesiva como ya hemos analizado más arriba.

Si las competencias específicas no son "especificaciones" de las básicas, ¿cuál es su relación con ellas?, ¿cómo seguir articulando el currículo? Pues aquí el legislador nos ha pedido realizar cierto acto de fe y nos viene a decir que las competencias clave *están relacionadas con las específicas a través de los descriptores de las distintas competencias*. En definitiva, que no nos preocupemos, que la coherencia está garantizada y que ellos se han encargado de que haya alineamiento y coherencia interna. Para ello encontramos en el BOE y en los diferentes boletines autonómicos una descripción de dichas competencias específicas, su vinculación con otras competencias y con el perfil de salida del alumnado.

La claridad que se logra en la operativización de las competencias clave a través de la definición de los perfiles de salida por etapas y los descriptores, que al ser desempeños permiten evaluación, se pierde aquí donde el concepto de "relación" es real, pero difuso. ¿Hay relación directa, con evidencias de aprendizaje del alumnado, entre lo que se desarrolla en un momento determinado en una asignatura y un descriptor de una competencia clave? ¿Cuál? ¿Por qué? No se define ni se establece el criterio para hacerlo en caso de que alguien que no pertenezca al grupo legislador quiera analizarlo o establecer relaciones nuevas. Hay una relación de sentido, pero no existe un vínculo funcional, efectivo, basado en evidencia que permita a los profesionales y a los claustros conectar el aula con los perfiles de salida de manera clara. Si se pretende un perfil es imprescindible que se sepa qué se va a hacer, cuándo y cómo se va a enseñar y evaluar lo que pueda garantizar que cada uno de los descriptores se consiga.

Además, esta "relación" real e indefinida, que no tiene criterio de adscripción explícito, deja fuera el currículo del centro y se preocupa solo del currículo oficial. Recordamos que tal como hemos planteado en el punto anterior, los perfiles de salida pueden y deben revisarse para dar cabida a las propuestas que emanan de las iniciativas formativas de los centros o instituciones educativas, por lo tanto, en las competencias específicas también es necesaria una adaptación.

Parece evidente que, si la forma de concretar y hacer posibles los perfiles de salida es mediante la consecución de las competencias específicas de las asignaturas, habrá que añadir a estas, como planteábamos en el paso anterior, nuevas competencias específicas o aspectos nuevos en las competencias específicas "oficiales y comunes" que reflejen en el currículo explícito las intenciones educativas particulares que no están presentes en la normativa y que, legítimamente, se proponen a la sociedad y hacen viable el derecho a la enseñanza sin recurrir a currículos paralelos y no integrados en el de aula.

En el siguiente capítulo desarrollaremos una alternativa de análisis de los aprendizajes específicos —indicadores—, integrados en los criterios de evaluación, que serán evaluados. Gracias a ellos se tendrá evidencia de los aprendizajes adquiridos por cada alumno y en qué grado, de manera que se pueda vincular los aprendizajes reales que han sido obtenidos en las aulas y las competencias clave del perfil de salida por medio de la relación sustantiva de dichos aprendizajes con los descriptores.

LOS CRITERIOS DE EVALUACIÓN

Las competencias específicas se concretan en los criterios de evaluación. Estos son para cada una de las materias— como las competencias especícas— y no necesariamente para cada curso. Son el elemento que nos habla de los aprendizajes concretos que los alumnos han de conseguir superar y, por lo tanto, en un paradigma de enseñanza centrada en el aprendizaje, son la brújula del trabajo del profesor. La tarea del docente es que los alumnos, como mínimo, muestren al final de cada determinado periodo para el cual los criterios han sido indicados, que han superado lo que se pretendía.

Al igual que los dos elementos curriculares anteriores, la posibilidad de ampliar dichos criterios con elementos que integren matices o nuevos criterios —nunca reducir pues el currículo oficial es de mínimos—que hagan posible que se puedan llevar a cabo las competencias específicas de "carácter propio" de cada centro será imprescindible.

El camino de diseño curricular debe poder transitarse, por lo tanto, de arriba abajo, desde las competencias clave, el perfil de salida y sus descriptores hasta los criterios de evaluación o de abajo a arriba, desde los criterios hasta las competencias clave. Si algo plantea de original la LOMLOE es que subraya esta coherencia curricular de forma explícita. En realidad, es el reto que podría hacer posible la finalidad de la educación integral mediante el currículo competencial. Y lo expresa así:

Los criterios de evaluación presentan un reto y es que vayan indisoluble-mente unidos a los descriptores del perfil de salida, a través de las competencias específicas, de tal manera que no se pueda producir una evaluación de la materia independiente de las competencias clave.

La eficacia de los criterios reside en su formulación y en dejar de una vez de lado la imprecisa fórmula de la "relación con". Lo que se desarrolla en el currículo formal, evidentemente, "está relacionado" con los criterios de evaluación, faltaría más. Sin embargo, esta relación es de *identidad*. Los criterios son descripciones de los aprendizajes en términos de resultados. Es decir, son formulaciones de lo que el alumno hace gracias a lo que aprende en un proceso de enseñanza aprendizaje. Por eso en su redacción establecemos el germen del desarrollo curricular del aula y, gracias al principio de alineamiento, nada es arbitrario. Lo que debemos hacer, una vez definidos los criterios es ver cómo los conseguimos en equipo de la forma más eficaz posible según las personas que han de aprender y sus contextos. En esto consiste la profesión docente. En tomar decisiones que ayuden a aprender llevarlas a cabo y reflexionar sobre ellas y volver a la práctica para mejorarla.

La formulación de estos criterios de evaluación—que adoptan la forma de resultados de aprendizaje exactamente igual que se lleva proponiendo décadas en las enseñanzas universitarias al igual que se incorpora el *perfil de salida* a espejo del *perfil de egreso* vigente en el Espacio Europeo de Educación Superior— se debe hacer del siguiente modo:

1. En primer lugar, se emplea un verbo de acción en infinitivo, lo que lo hace evaluable, expresando el proceso que el alumnado debe adquirir y por lo tanto podrá mostrar.

2. A continuación, el contenido, los saberes que el alumno ha de adquirir y sobre los que actúa el verbo. Se expresa con sustantivos y es lo que el alumno debe aprender.

3. Por último, el contexto o modo de aplicación y uso del contenido, la finalidad o, en general la circunstancia—situación— en la que se desarrollará la acción del verbo.

Esta formulación de los aprendizajes pretendidos por medio de los criterios descentra el objeto de la enseñanza de los contenidos disciplinares. Los contenidos o saberes, de los que hablaremos a continuación, son los ingredientes de la receta, pero no el plato que se sirve a la mesa. Son los materiales para la construcción de un proyecto, pero no el proyecto.

Por otra parte, esta formulación de los criterios de evaluación determina un cambio sustancial en la evaluación. Si lo que se tiene que aprender viene descrito por un verbo de acción y en un contexto determinado, solo la realización de dicha acción en ese contexto será capaz de poner en evidencia, manifestar, hacer evaluable, lo que el alumnado ha aprendido, es decir, la prueba de evaluación coincide con la misma acción fijada en el criterio.

Si consideramos lo que llevamos dicho hasta ahora, es fácil intuir que es pertinente y la necesario que el currículo se desarrolle mediante *situaciones de aprendizaje.* Como veremos después.

Es en este punto donde situaremos la poco habitual tarea de coordinación de los aprendizajes que se recoge en la propuesta pedagógica del departamento.

La realidad es que, en caso de que exista, la coordinación en los departamentos se realiza por medio de la coordinación basada en contenidos— ni siquiera saberes— y es que los departamentos tienen en su base una concepción disciplinar, no competencial.

Sin embargo, la legislación valenciana establece la propuesta pedagógica de los departamentos en los siguientes términos:

1. *Cada departamento, coordinado y dirigido por el jefe de departamento, y en el caso de los centros privados el órgano con competencias análogas tiene que elaborar la propuesta pedagógica de departamento:*

   · *Reflexionar de manera compartida sobre el sentido de sus actuaciones.*

   · *La coherencia de las propuestas que ofrecen al alumnado.*

   · *La adecuación de la organización y selección de los materiales.*

2. *La propuesta pedagógica para cada departamento tiene que concretar los elementos del currículo necesarios para planificar la acción educativa, así como los instrumentos de recogida y registro de información, y la respuesta educativa para la inclusión. La propuesta incluirá, al menos, los siguientes elementos:*

   · *La concreción de las competencias específicas en el ciclo o curso en cuestión*

   · *La selección de los saberes básicos necesarios para adquirir y desarrollar las competencias específicas,*

   · *La concreción de los criterios de evaluación de las competencias específicas.*

   Estos acuerdos tienen que formar parte de la propuesta pedagógica correspondiente, que se tiene que recoger en la concreción curricular del centro.

3. La concreción curricular, además de la propuesta pedagógica prevista en el punto 2, tiene que incluir:

- *Los modelos de informes de evaluación para la ESO y el Bachillerato.*
- *Los instrumentos de recogida y de registro de la información.*

Centrándonos en el punto 2, cabe señalar que la enumeración de la concreción de competencias específicas, de saberes y de criterios de evaluación podría no estar alineada y, si eso es así, volveremos a que todo está "relacionado", ¡cómo no!, pero es fácil romper la cadena de transmisión que hace del trabajo en el aula un medio para la educación integral con una propuesta pedagógica sistémica.

De estos tres elementos curriculares señalados por la Administración que los departamentos deben concretar —competencias específicas, criterios y saberes— hay uno que debe marcar la pauta a los demás, que es variable independiente, mientras los otros dos lo son dependientes. Se trata de los criterios porque describen los aprendizajes y todo debe estar en función de estos. La formación en una institución educativa es siempre un itinerario vital que debe recorrer quien aprende. Por lo tanto, la gestión curricular de las instituciones educativas por medio de los educadores debiera conformar un itinerario idóneo para el aprendizaje en cada contexto, donde el claustro acompañase, sin cambios de rumbo ni repeticiones de etapas ni saltos ... al alumnado.

Si el paradigma de partida está centrado en el aprendizaje, como sostenemos desde el inicio, son los aprendizajes los que se deben plantear como punto de partida. La cuidadosa redacción y selección de los criterios de evaluación es clave.

Los verbos de los criterios marcan orden, y como el aprendizaje necesita tiempo porque se trata de *transformar por dentro y crecer*, también son indicadores de secuencia cronológica. Los verbos empleados para describir las acciones que manifiestan la profundidad y complejidad con la que se aprende están científicamente clasificados. A estas clasificaciones, como en otras ciencias, se las denomina taxonomías. La más empleada y

Miguel Ángel Jiménez, Eugenio Ivorra Catalá, Alfredo Molins Palanca, Esther Moreno Latorre

conocida es la de Bloom que data de la década de los cincuenta del siglo pasado y que ha tenido, ya en los dos mil, algunas actualizaciones. De esta vieja, pero clarificadora propuesta de organización, se desprenden al menos dos condiciones: que los aprendizajes están jerarquizados y que no se puede llegar a los aprendizajes de carácter superior sin haber pasado previamente por los menos complejos, es una escalera que se sube peldaño a peldaño. Si a esto le sumamos las aportaciones del constructivismo educativo y de la neurociencia tendremos herramientas para seleccionar, mediante la ordenación de los criterios de evaluación, no mediante los contenidos o saberes, qué va primero y qué después. Además, dentro de cada criterio, que se formulan para el final temporal del periodo que cubre la prescripción curricular, el tipo de aprendizaje definido en el verbo del criterio nos ayudará a redactar otros criterios "intermedios" que pueden ser necesarios, a menudo lo son, para llegar a la extensión o profundidad del criterio finalista. Además, a partir de la determinación precisa de los aprendizajes pretendidos, podemos deducir con cierta facilidad qué saberes son necesarios en cada momento y cuál es el vínculo entre los criterios de evaluación, las competencias específicas y las competencias clave.

LOS SABERES BÁSICOS

¿Por qué llamar a los contenidos saberes? Pues porque el lenguaje es esencial para el pensamiento. Cuando los profesores en particular, y el resto de la comunidad educativa en general, escucha el término contenido piensa en lo que las diferentes materias disciplinarias aportan. Son lo que tradicionalmente se considera en la cultura de las enseñanzas medias que se ha de adquirir. Son las "cosas de cada ciencia" que siguen siendo la parte del león de nuestras aulas. Solo hay que hacer un análisis de las pruebas de evaluación que se emplean para ver sobre qué versan y enseguida nos daremos cuenta de qué se está enseñando, de qué estudian nuestros jóvenes y de dónde se extraen las calificaciones de los expedientes académicos.

Pasar de contenidos a saberes es una buena idea. El aprendizaje competencial por naturaleza es una combinación de distintos tipos de conocimientos que las personas empleamos a la hora de la acción en un contexto determinado. El concepto de saberes no excluye en absoluto los contenidos disciplinares, pero los superan con creces porque se pretende que la educación sea integral y eso compromete muchos conocimientos y aprendizajes que van más allá de lo disciplinar. Los saberes pueden tener que ver con conocimientos, pero también con habilidades y destrezas, con valores y actitudes, con la dimensión cognitiva pero también la afectiva, la social e incluso la espiritual, la intrapersonal y la interpersonal, ...

Los que el currículo recoge y califica como básicos son aquellos *que no deben faltar*, no son en absoluto todos los que el alumnado puede aprender o los que el profesorado puede, e incluso debe, enseñar. De hecho, las situaciones de aprendizaje, que abordaremos a continuación, pueden estar exigiendo que el alumno adquiera saberes que no aparecen en el currículo pero que se hacen imprescindibles para el desarrollo de estas o para que sean funcionales y cercanas a la vida, que, por cierto, es una de las características que las define.

Para la elaboración de la propuesta curricular de centro que los departamentos deben realizar, una vez hecha la secuencia y determinados para cada curso los criterios/aprendizajes pertinentes, vincular los saberes es una tarea deductiva, no inductiva. Si recurrimos de nuevo al símil de la cocina, una vez decidido el menú, un cocinero experto deduce inmediatamente qué ingredientes necesita. En ocasiones la realización de esta tarea nos enfrenta a dos circunstancias: no encontramos saberes en los bloques del currículo que hagan posible la consecución de lo declarado en los criterios, o bien lo contrario, tenemos saberes que no parecen estar relacionados con criterio alguno. Ante esta situación la norma que ha de guiar nuestra toma de decisiones es la sistematicidad del currículo y tener claro que son los criterios de evaluación los elementos que actúan como variable independiente. Si hay saberes básicos —y por lo tanto irrenunciables— que no encuentran acomodo en los criterios tendremos que modificarlos, siempre ampliándolos, pues los del currículo son de mínimos, para darles cabida. Si es lo contrario, tendremos que incluir los saberes que sean precisos. Los cocineros saben si a una lista de ingredientes le falta un elemento en función del plato que van a preparar. Del mismo modo los profesores sabemos que para que un aprendizaje sea posible son imprescindibles determinados saberes. Si los aprendizajes se identifican con los contenidos, el propio contenido se convierte en el centro y entonces todo es *mucho más fácil de determinar*, pero estaremos generando un sistema educativo distinto del que decimos preferir y que además es preceptivo. Evidentemente un sistema centrado en contenidos difícilmente formará integralmente y, si lo hace, será de manera informal, lo que no nos permitirá ni controlar, ni evidenciar, ni mejorar lo que hacemos porque pasaremos de las evidencias a las impresiones a la hora de tomar decisiones.

LAS SITUACIONES DE APRENDIZAJE

Con la LOMLOE han llegado las situaciones de aprendizaje. Tienen antecedentes claros en el trabajo por proyectos, en las unidades didácticas integradas o en los paisajes de aprendizaje, por citar algunos. Sin embargo, son la forma de articulación del currículo de aula más acorde con los elementos clave como son los criterios de evaluación y su formulación. Si el criterio de evaluación define un contexto, la forma en que se debe aprender debe estar "contextualizada" y por lo tanto necesita de una "situación" donde dicho aprendizaje se produzca y tenga sentido.

Existen diversas definiciones de situación de aprendizaje podemos destacar algunas características comunes:

- Son el modo de articulación del currículo que se desarrolla en las aulas.

- Es la planificación organizada de experiencias de aprendizaje en torno a un problema, un reto, al que debemos dar respuesta en un contexto cercano. El reto lo será si está adaptado a los intereses del alumnado y a su situación de partida. El reto motiva si se encuentra dentro de la zona de desarrollo próximo.

- Responden a la descripción de los aprendizajes que realizan uno o varios criterios de evaluación y por, por lo tanto, se generan experiencias que permiten adquirir dichos aprendizajes y evaluarlos.

- Admiten la interacción de aprendizajes simultáneos de diferentes materias, simplemente porque al estar cercanas a la realidad esta lo puede exigir, el mundo no está dividido en asignaturas.

- Siempre hay un producto, material o intelectual, que se puede emplear como instrumento de evaluación. Dicho producto suele estar implícito o explícito en el criterio de evaluación.

- Activa los saberes básicos adquiridos o mejor, exige la adquisición de los saberes sean básicos o no, porque la situación no se resuelve bien si no se poseen.

- Están vinculadas al aprendizaje donde el protagonista es el alumno por lo tanto las metodologías serán activas e invitan a colaborar y también inciden en la metacognición.

- Se trata de un desarrollo curricular coherente con el desarrollo de competencias.

- Favorecen la inclusión y para ello la perspectiva de diseño activa los principios del diseño universal de aprendizaje (DUA).

En el capítulo siguiente profundizaremos sobre las situaciones de aprendizaje e incidiremos en el proceso de creación sobre el principio del alineamiento y la centralidad de los aprendizajes que se describen en los criterios como punto de partida.

En definitiva, para pasar del currículo oficial al currículo del centro y luego al del aula tenemos que conocer bien la articulación de la LOMLOE y concretar, ampliando, el mínimo común que se prescribe en el currículo oficial. Por eso todo debe empezar revisando el perfil de salida, que es un *retrato robot* de los mínimos del sistema educativo y lo transformaremos en la descripción de la imagen de persona que da sentido a la existencia de las diversas instituciones y centros educativos, tanto públicos como privados, pues todo centro tiene en su proyecto educativo el punto de partida y de llegada de su acción. Si enriquecemos este perfil oficial, los medios que la Administración plantea para llegar a él no tienen por qué contemplar lo que se ha añadido como propio, por lo tanto, si no se quieren tener currículos paralelos y dejar en el ámbito de lo informal o no formal dichas propuestas educativas, habrá que implementar lo necesario, a través de las competencias específicas y los criterios de evaluación, para que sean posibles. Los departamentos deben establecer la secuencia y la coordinación para trazar una senda, un itinerario de aprendizaje lógico, ajustado en tiempos y contextualizado, en función de los aprendizajes descritos en los criterios y no en los contenidos disciplinares. Esta es una de las mayores inercias que, hoy por hoy, es más difícil de vencer. Una vez clarificada la acción conjunta y la de cada profesor relativa a cada curso, con los acuerdos que puedan ser necesarios, empieza la tarea de la programación de aula. En ella la forma coherente se encuentra en la sucesión de situaciones de aprendizaje. Pasemos a ver cómo se propone, en el siguiente capítulo, este diseño.

Referencias bibliográficas

Coll, C. Marín, E. (2022): *El trabajo competencial en el aula.* Cuadernos de pedagogía, Nº 537.

Conselleria d'Educació, Cultura, Universitats i Ocupació (2022): *Decreto 107/2022, de 5 de agosto, del Consell, por el que se establece la ordenación y el currículo de Educación Secundaria Obligatoria.* DOGV.

Conselleria d'Educació, Cultura, Universitats i Ocupació (2024): *Decreto 66/2024, de 21 de junio, del Consell, por el que se modifica el Decreto 107/2022, de 5 de agosto, del Consell, por el que se establece la ordenación y el currículo de Educación Secundaria Obligatoria y la Orden 19/2023, de 29 de junio, de la Conselleria de Educación, Cultura y Deporte, por la que se regulan los procedimientos derivados del Decreto 107/2022, de 5 de agosto, del Consell, por el que se establecen la ordenación y el currículo de Educación Secundaria Obligatoria, y del Decreto 108/2022, de 5 de agosto, del Consell, por el que se establecen la ordenación y el currículo de Bachillerato, así como la organización y el funcionamiento del Bachillerato nocturno y a distancia en la Comunitat Valenciana.* DOGV.

Cordero, P. y Carnicero, G. (rec) (2021) *¿Quién forma a los futuros docentes?* Octaedro.

Jefatura del Estado (2006): *Ley Orgánica 2/2006, de 3 de mayo, de Educación.* BOE.

Jefatura del Estado (2020): *Ley Orgánica 3/2020, de 29 de diciembre, por la que se modifica la Ley Orgánica 2/2006, de 3 de mayo, de Educación*. BOE.

Jiménez-Rodríguez, M.A. (2011): *Cómo diseñar y desarrollar el currículo por competencias*. PPC.

Jiménez-Rodríguez, M.A. (Coord.) (2019): *El diseño de unidades didácticas hoy*. Tirant Humanidades.

Jiménez-Rodríguez, M.A. (Coord.) (2019): *Programar al revés*. Narcea.

Ministerio de Educación y Ciencia (2007) *Orden ECI/3858/2007, de 27 de diciembre, por la que se establecen los requisitos para la verificación de los títulos universitarios oficiales que habiliten para el ejercicio de las profesiones de Profesor de Educación Secundaria Obligatoria y Bachillerato, Formación Profesional y Enseñanzas de Idiomas*. BOE.

OCDE (2002): *La definición y selección de competencias clave*. Agencia de los Estados Unidos para el Desarrollo Internacional (USAID).

Oficina Internacional de Educación de la Unesco. (2017): *Training tools for curriculum development*. Geneva: IBE 2017 (4695).

UE (2010): *Informe conjunto de 2010 del Consejo y de la Comisión sobre la puesta en práctica del programa de trabajo «Educación y formación 2010»*. Diario Oficial de la Unión Europea.

Valle, J. (2022): *LOMLOE y cambio educativo: del mito competencial al reto curricular*. Educadores: Revista de renovación pedagógica, Nº 284, págs. 4-16.

Capítulo 3.
Diseño curricular de situaciones
de aprendizaje. Guía didáctica

Las **situaciones de aprendizaje** son las células del tejido curricular competencial. Poseen alineados todos los elementos esenciales del currículo en el nivel de concreción del aula y, por tanto, son el instrumento en el que los profesores y maestros piensan y prevén lo que sus alumnos van a vivenciar como **experiencias de aprendizaje**.

Los conceptos de unidad didáctica y situación de aprendizaje[1] están muy próximos cuando el curriculum pretende que los alumnos adquieran

---

1. La programación didáctica es el documento en el que se concreta la planificación de la actividad docente en el marco del Proyecto Educativo y de la Programación General Anual.

Con el fin de organizar la actividad didáctica, la Programación se concretará en diferentes Unidades de Programación que se corresponderán con Unidades Didácticas o Situaciones de Aprendizaje.

En una Situación de Aprendizaje Competencial se concretan y evalúan las experiencias de aprendizaje. Para que estas experiencias de aprendizaje sean competenciales el docente o la docente debe diseñar Unidades Didácticas o Situaciones de Aprendizaje con tareas y actividades útiles y funcionales para el alumnado, situadas en contextos cercanos o familiares, significativos para este, que le supongan retos, desafíos, que despierten el deseo y la curiosidad por seguir aprendiendo; experiencias de aprendizaje que impliquen el uso de diversos recursos; que potencien el desarrollo de procesos cognitivos, emocionales y psicomotrices en el alumnado; que favorezcan diferentes tipos de agrupamiento (trabajo individual, por parejas, en pequeño grupo, en gran grupo). De igual forma, las metodologías elegidas deberán contribuir al éxito de los aprendizajes fomentando la motivación, facilitando el proceso y contribuyendo a una buena gestión del clima del competencias y tiene como elemento generatriz el criterio o los criterios de evaluación. Gracias a que se van superando dichos criterios, se adquieren las competencias específicas de cada área o materia y por fin, y gracias a los descriptores con los que se relacionan, van completando progresivamente el perfil de salida, que no es otra cosa que una concreción de las competencias clave. Estos perfiles están descritos en las etapas de Educación Primaria, Secundaria Obligatoria y también para el Bachillerato con una intención clara de continuidad que se revela en que son las mismas competencias y los mismos descriptores para todas estas etapas. En el capítulo anterior ya se ha descrito cómo llegar de este perfil estandarizado al de centro.

Esta estructura curricular entronca también con las descripciones de perfil de egreso que se tiene en la Universidad desde la entrada en vigor del Espacio Europeo de Educación Superior, que se clasifican, no como competencias clave, sino como resultados de aprendizaje de la titulación que se trate y que definen el perfil de egreso. Estos resultados son el alma de los títulos y se van consiguiendo a través del itinerario formativo que es el plan de estudios. Cada asignatura tiene a su vez resultados de aprendizaje que hacen posibles los del título. La formulación adoptada para los criterios de evaluación en las etapas iniciales y para los resultados de aprendizaje de la universidad es idéntica. Estamos por tanto en un momento de unificación del Sistema Educativo completo en función de competencias. La Formación Profesional, pionera en la introducción de

aula. Por último, los productos elegidos deberán ser adecuados para la observación de los aprendizajes descritos en los Criterios de Evaluación, siendo coherentes con los procesos cognitivos, emocionales y psicomotrices en ellos descritos. El diseño debe tener como referencia uno o varios Criterios de Evaluación, que nos darán las claves de nuestra Situación de Aprendizaje, y a través de los cuales evaluaremos el logro de los aprendizajes descritos en estos Criterios al mismo tiempo que evaluamos el grado de desarrollo de las Competencias vinculadas a los mismos. https://www3.gobiernodecanarias.org/medusa/ecoescuela/sa/que-es-situate/orientaciones-sa/

las competencias en el curriculum, también se articula con un esquema semejante donde las competencias se desglosan en resultados de aprendizaje y sirven a un tiempo para describir lo que los alumnos deben aprender y, por lo tanto, de qué deben ser evaluados.

Esta guía, con explicaciones exhaustivas, pretende justificar cada uno de los pasos que deben darse. Siempre con dos elementos subyacentes: el paradigma de la educación centrada en los aprendizajes y el alineamiento constructivo de John Biggs que, evidentemente, son complementarios. De este modo el lector encontrará en ella el porqué de cada elemento curricular. Está pensada para iniciarse en el diseño o, en el caso de la formación de profesores, poder comprender mejor el alineamiento necesario de cada paso.

Finalmente ofrecemos una versión de las tablas, sin anotaciones, que pretende facilitar una estructura para organizar el pensamiento y materializar el diseño curricular. Es imprescindible no pasar a emplear la segunda versión sin haber asimilado la primera. De lo contrario el proceso de diseño, en lugar de ser un lugar de creación, puede convertirse en lo contrario, una experiencia burocrática de rellenar celdas de documentos con espacios en blanco.

PLANTILLA PARA EL DISEÑO DE SITUACIONES DE APRENDIZAJE (GUÍA DIDÁCTICA)

Paso 0. Título y presentación general

Título de la situación de aprendizaje
Las "Situaciones de Aprendizaje" son experiencias que se vivencian en un contexto por lo que el título puede ser un *anuncio* que indique de forma atractiva lo que se va a vivenciar. Como en cualquier "creación", el título puede ponerse al final, cuando hayamos diseñado bien toda "la obra".
Presentación de la SdA: Breve explicación sobre lo esencial de la SdA. ¿Qué se va a aprender? ¿Por qué es adecuada? ¿En qué consiste (a grandes rasgos)?

Paso 1. Contextualización (Marco curricular y de aplicación) y presentación

Identificación curricular y ubicación temporal				
Etapa/nivel/curso	Competencia/s específica/s y criterio/s de evaluación.	Solo las referencias	Trimestre/evaluación	
Área o materia	Competencia/s específica/s y criterio/s de evaluación de otras áreas/materias.	Solo las referencias	Periodo aproximado de de implementación (semanas)	*Se pueden numerar las semanas del trimestre*
Otras áreas/materias vinculadas	Saberes básicos y complementarios	Solo las referencias	Nº de sesiones	

Miguel Ángel Jiménez, Eugenio Ivorra Catalá, Alfredo Molins Palanca, Esther Moreno Latorre

Contexto de aplicación de la SdA

El centro: Hay que tener en cuenta la línea pedagógica del centro, **las decisiones pedagógicas del ciclo o departamento** y, por supuesto los **destinatarios.** Las características del alumnado para el que diseñamos la Situación de Aprendizaje.

Aquí especificamos las características de las necesidades específicas de apoyo educativo (NEAE) que tendrán que verse reflejadas en el diseño de la SdA (DUA, y otras medidas si fueran precisas). Podremos emplear la siguiente clasificación oficial de la siguiente tabla:

Necesidades educativas especiales derivadas de discapacidad, trastornos graves de conducta y/o trastornos graves de comunicación y lenguaje	Altas capacidades	Trastornos atencionales. TDA-H	Condiciones personales o historia escolar	Desconocimiento grave de la lengua de aprendizaje
Incorporación tardía al Sistema Educativo	Dificultades en la Enseñanza-Aprendizaje o Trastornos de aprendizaje	Retraso madurativo	Trastornos del lenguaje y la comunicación	Vulnerabilidad socioeducativa

Medidas de atención educativa a nivel de aula. Los principios y pautas DUA

Los Principios del Diseño Universal del Aprendizaje (DUA) y las Pautas básicas que los desarrollan "no deberían aplicarse a un único aspecto del currículum ni deberían ser utilizadas sólo con unos pocos estudiantes. Lo ideal sería que las Pautas se utilizaran para evaluar y planificar los objetivos, metodologías, materiales y métodos de evaluación con el propósito de crear un entorno de aprendizaje completamente accesible para todos". Idealmente esto sería lo adecuado. Sin embargo, realizar este diseño para todas y cada una de las propuestas curriculares (en las que además se podrían simultáneamente aplicar varias pautas) sería interminable. Vamos a tener en cuenta la aplicación del DUA en función de las características generales del grupo y también de las necesidades educativas especiales que hayamos determinado en el apartado anterior para alumnos concretos. Para poder señalar qué tipo de pauta emplearemos, pondremos a continuación de la actividad de la que se trate el código correspondiente. Por ejemplo, DUA 2.2 significará que la actividad contará con opciones para la expresión y la comunicación diversa. (por ejemplo, por escrito o por oral o expresando el resultado gráficamente o con un podcast…)

PRINCIPIOS DUA	PAUTAS DUA		
1. Proporcionar múltiples formas de representación.	1.1 Proporcionar opciones para la percepción.	1.2 Proporcionar opciones para el lenguaje, expresiones, matemáticas y símbolos.	1.3 Proporcionar opciones para la comprensión.
2. Proporcionar múltiples formas de Acción y Expresión.	2.1 Proporcionar opciones para la acción física.	2.2 Proporcionar opciones para la expresión y la comunicación.	2.3 Proporcionar opciones para las funciones ejecutivas.
3. Proporcionar múltiples formas de compromiso al alumnado	3.1 Proporcionar opciones para el interés.	3.2 Proporcionar opciones para sostener el esfuerzo y la persistencia.	3.3 Proporcionar opciones para la autorregulación.

Paso 2. ¿Qué se va a aprender y qué importancia tiene?

(Los números corresponden a las indicaciones y justificaciones teóricas, que han de guiar las decisiones del diseño, presentes en la tabla)

1. Competencia/s Específica: Competencia/s específica/as a la que pertenece cada uno de los criterios de evaluación del currículo.
2. Criterio/s de evaluación del currículo: El currículo oficial describe, en los criterios de evaluación, los aprendizajes mínimos y comunes que el alumnado debe adquirir. El centro a través de sus órganos de gestión pedagógica debe adaptar y concretar este currículo al centro, siempre ampliándolo, porque no puede dejar de impartir el currículo oficial que es de mínimos, y además que dé cabida a los aprendizajes derivados de su proyecto institucional. Por lo tanto, es el currículo del centro el que se debería tomar como punto de partida
3. Criterio/s de evaluación de la situación de aprendizaje: Ten en cuenta que el criterio del currículo oficial (concretado en el centro) es para el final del periodo para el que se describe (final de etapa, ciclo, …) Si el criterio no pudiera ser abordado entero en el momento del curso en el que se esté (por ejemplo, la primera evaluación del primer curso no permite llegar a todo lo que describe el criterio del currículo oficial pues todavía necesitamos que los alumnos adquieran aprendizajes previos) **describiremos en el criterio-s "exactamente" los aprendizajes que se pretendan adquirir en este periodo** con la fórmula: verbo de acción + sobre qué actúa el verbo (normalmente saberes básicos y otros saberes) + la circunstancia en que esta acción se debe realizará que en ocasiones expresa la finalidad.
Si en una situación de aprendizaje trabajas únicamente con parte del criterio no olvides **que deberás volver, más adelante, al criterio completo** en otra. Por otra parte, el criterio del currículo oficial es de mínimos. Amplíalo/s si lo consideras necesario. Nunca lo reduzcas (porque es de mínimos y no es posible salvo porque estás en proceso de llegar a él como se explicaba antes). Si lo haces, además, seguramente dejará de ser competencial) y así podrás dar cabida al segundo y tercer nivel de concreción curricular (que corresponden a los niveles de centro y aula respectivamente). Si los criterios no se amplían (o "reescriben" siempre añadiendo algo) el currículo sería cerrado y el mismo para todos los centros con lo que no existiría autonomía pedagógica y libertad de enseñanza.

4. Indicadores y evidencias.

Los Indicadores (de logro)–Son siempre los diferentes aprendizajes que se combinan (porque el criterio es competencial) en el criterio e interactúan en la acción que se describe en dicho criterio. -No existen por separado.

Si nos olvidamos del criterio y nos centramos en los indicadores como unidades independientes volvemos a los objetivos operativos. Son más "concretos" pero dejan de ser competenciales. Los objetivos operativos y las competencias son conceptos antagónicos.

-Como la formulación del criterio es: verbo de acción + sobre qué actúa el verbo (saberes) + circunstancia en la que se realiza la acción, es muy fácil que haya que combinar diversos aprendizajes que son necesarios para que lo dice el criterio se cumpla.

-Los Indicadores permiten fijar los aprendizajes clave del criterio de evaluación de la SdA.

-Guían la acción docente en el diseño del proceso y son también imprescindibles para la evaluación.

Las evidencias

-Cuando un Indicador sigue siendo complejo puede necesitar ser desglosado o concretado a su vez en evidencias. Que son conductas concretas esperadas en función del proceso de enseñanza aprendizaje que planifiquemos.

-De este modo también explicitaremos "hasta dónde" se pretende llegar en cualquier aprendizaje de forma concreta y así se podrán graduar los niveles de adquisición de los aprendizajes, facilitando la construcción de instrumentos de calificación.

Para explicitar la relación entre los criterios, los indicadores y las evidencias emplearemos numeraciones decimales Criterio 1/Indicador1.1/Evidencias 1.1.a, 1.1.b, ...

5. La calificación, (medida del grado de consecución de los aprendizajes descritos en los criterios, concretados en los indicadores y las evidencias)

En esta columna pondremos el valor en % que atribuimos a los aprendizajes que hemos establecido por medio de los criterio-s de evaluación que los describen.

Si solo hubiese uno, su valor sería del 100%. Es decir 10 puntos. Si hay varios, la primera decisión es atribuir valor relativo a cada uno de los criterios. La suma será del 100%, 10 puntos.

Cada criterio puede estar concretado en indicadores y a estos les damos el valor que creemos que deben tener. La suma de los indicadores es igual al valor del criterio que concretan.

Del mismo modo, las evidencias también pueden tener valores distintos por lo que la suma de los valores de las evidencias es igual al valor del indicador del que dependen.

Es un error común atribuir porcentajes de calificación a las pruebas (y decir que estos valores son los criterios de calificación) como si estas tuvieran valor por sí mismas.

La prueba *per se* no vale nada. Recibe el valor del aprendizaje que pretende evidenciar para que pueda ser evaluado. Por esa razón si queremos saber qué valor damos a cada prueba de evaluación **deberemos asignar valores a cada uno de los aprendizajes que pretendemos** (¿Qué se va a prender?) en la SdA. **La prueba recibe el valor del aprendizaje que evalúa.**

Competencia/s Específica/s	Criterio/s de evaluación del currículo	Criterio/s de evaluación de la situación de aprendizaje	Indicadores y evidencias	La calificación, (medida del grado de consecución de los aprendizajes descritos en los criterios concretados en los indicadores y las evidencias)
1	2	3	4	5

Paso 3 ¿Cómo se evaluarán y calificarán los aprendizajes?

3.1 La/s prueba/s de evaluación/producto final de la SdA. La evaluación inicial y la evaluación continua

La evaluación final o sumativa

- Una prueba de evaluación puede ser cualquier actividad[2] que el alumno realice (en coherencia con la acción del verbo/s del criterio/s) y que permita evidenciar los aprendizajes descritos en el/los criterio-s de evaluación. Muchas veces, la prueba de evaluación final o sumativa coincidirá con un producto que está implícito, a veces explícito, en dicho criterio/os y que, por ende, lo será de la SdA porque esta es el medio para lograr los aprendizajes.

- Normalmente, será una tarea (por la complejidad, contexto y finalidad, que coinciden con los criterios de carácter competencial) que en las SdA coincidirá con el "producto final" al que se orienta la situación diseñada.

- **La prueba será válida, si y solo si, cuando el alumno la realice, se podrá evidenciar/verificar con ella que los aprendizajes descritos en el criterio han sido adquiridos por el alumnado.** Para ello debemos poder "ver" lo que hayamos establecido en los indicadores y en las evidencias empleadas para determinar mejor los aprendizajes esperados en la SdA. Si puede ser, en la misma "unidad de acción" porque esta "combinación simultánea" es propia de las competencias por definición, o en la secuencia de ejercicios, actividades o tareas que conduzcan a ella.

- Si no es posible, cambia de prueba hasta que la encuentres o incluso cambia de Situación de Aprendizaje porque **no es la situación, sino el aprendizaje, lo que hemos tomado como punto de partida y variable independiente** y tiene su origen en el currículo que hemos de desarrollar. Las situaciones de aprendizaje son medios y no fines y como tales debemos supeditarlas a los aprendizajes siendo fieles al paradigma al que nos acogemos.

- La experiencia de aprendizaje que culmina en el producto final de la **situación de aprendizaje que diseñes será, seguramente, el mejor escenario para evaluar.** La evaluación sumativa-final será el "espejo" del criterio/s de evaluación.

2. Emplearemos el término actividad para denominar genéricamente las acciones que el alumnado realice en el proceso de aprendizaje, sean estas ejercicios, actividades o tareas.

La evaluación inicial y la evaluación continua

Por supuesto, puede haber **evaluación inicial**, situada al comenzar la SdA, que no pretende calificar, sino verificar el punto de partida y orientar el trabajo de alumnado y profesorado. Y **también evaluación continua o formativa**, que se realiza en el proceso para verificar cómo va el aprendizaje y poder tomar decisiones. No tiene como fin intrínseco calificar sino generar información. Sin embargo, es posible que este tipo de evaluación necesaria, pueda ser objeto de calificación (sobre todo para garantizar el estudio y trabajo de los alumnos) tomando parte del valor absoluto que demos al criterio o al indicador sobre el que estemos trabajando. (Lo veremos más claro en el siguiente paso).

El diseño de estas pruebas debe seguir la misma lógica (determinar a qué criterio se dirige la verificación del proceso siempre concretando lo que se espera en el punto en el que se esté, el criterio de la SdA es para cuando termine el tiempo de aprendizaje de dicha situación).

3.2 La calificación y sus instrumentos.

- Para cada prueba/s de evaluación ¿qué instrumento/s de calificación serían el/los más adecuado-s?

- Para poder calificar con mayor objetividad, (y para poder activar todos los beneficios que tiene explicitar los criterios de calificación) diseñaremos y emplearemos instrumentos de calificación. Los principales son la rúbrica, la lista de chequeo o *check-list* y la escala de valoración.

- **Realizaremos una rúbrica** cuando los aprendizajes evidenciados en la prueba de evaluación (que nunca deberían ser ni más ni menos que los descritos en el criterio) sean un continuo ("escala de grises") y podamos determinar fácilmente las conductas esperadas por los alumnos una vez hayan realizado el proceso de enseñanza-aprendizaje que vayamos a llevar a cabo (por ejemplo, no podemos esperar lo mismo si a algo se le ha dedicado poco o mucho tiempo). Las filas de las rúbricas serán los indicadores y las evidencias nos servirán para construir las columnas de las tablas rellenando las celdas con descripciones concretas de las conductas esperadas. Si no podemos describir las conductas esperadas con precisión, pero sí qué vamos a evaluar mediante los indicadores estableciendo una gradación de mucho a nada, de muy bien a mal o muy mal, o cualquier otra escala, el instrumento que tenderemos **será una escala de valoración**.

- Si los aprendizajes que vamos a evaluar se pueden diferenciar dicotómicamente (sí/no; conseguido /no conseguido) lo mejor es que empleemos **una lista de control o de chequeo (check-list).**

- Como decíamos antes, emplearemos **la escala de valoración** cuando no sea sencillo concretar las conductas que esperamos (por ejemplo, cuando la solución de un problema o situación sea divergente y varias sean posibles). **Se indicarán los aspectos a valorar** (indicadores) y se establecerá la escala en que estos serán valorados, **pero no "qué significa" en términos de resultados o conductas observables, evidencias, cada una de las valoraciones posibles.**

- El instrumento más adecuado en cada caso se asocia a la prueba de evaluación concreta y emplea los indicadores y las evidencias que se han descrito en el punto 2 y el **valor que tendrán ya ha sido determinados en el paso 2 (por medio del valor/importancia atribuida a los aprendizajes).**

- **El valor de cada prueba, como se ha dicho, depende del valor del aprendizaje que pretende poner en evidencia.** Recuerda que, por sí misma, la prueba no tiene valor, lo obtiene del aprendizaje que evidencia.

- Los instrumentos de calificación (rúbricas, listas de chequeo, escalas de valoración, ...) emplearán los indicadores y las evidencias como instrumentos esenciales para su construcción y **evitarán incluir otros que no formen parte de los aprendizajes descritos en los criterios** (pues normalmente, no deben ser evaluados aspectos que no han sido objeto de enseñanza-aprendizaje). Cuidado con las rubricas, listas de chequeo, escalas... estandarizadas, valoramos los aprendizajes adquiridos en función **del proceso concreto que los alumnos han llevado a cabo** específicamente y no sobre la descripción de la conducta optima. **Este es un error común que lleva a comparar al alumno con características que no han sido objeto de enseñanza, o lo contrario, ya han sido conseguidas, por lo que no valoran aprendizaje alguno.**

4.3 Sistema de evaluación (inicial, continua-formativa y final): Aprendizajes, pruebas e instrumentos de calificación.

En este cuadro indicaremos los aprendizajes que verificaremos en cada momento y tipo de evaluación.

Evaluación inicial

Aprendizajes a evaluar	Criterio de referencia	Prueba	Inst. de calificación

Evaluación continua-formativa

Aprendizajes a evaluar	Criterio y/o indicador de referencia	Prueba	Instrumento de calificación	Valor de la evaluación continua con respecto al criterio de referencia

Evaluación final /sumativa

Saberes/aprendizajes	Criterio/s que evalúa	Prueba/producto final	Instrumento de calificación	Valor en la situación de aprendizaje

Paso 4. Relación con las competencias del perfil de salida (ps) de la etapa

- **A partir de los indicadores** (los mismos que se han establecido al inicio en el paso 1, que son los que vamos a valorar como elementos clave del criterio-os), se vincularán las competencias clave y los descriptores del perfil de salida correspondiente al curso para el que se programa la situación de aprendizaje.

- **Elegiremos solo uno de estos descriptores,** *el que mejor se relacionen con cada uno de los indicadores.* Lo hacemos con los indicadores porque son **"unidades de sentido formativo"** *que estaban interactuando dentro del criterio. Y, a menudo pueden (paradójicamente) pertenecer a distintas competencias clave del perfil de salida*

- Como tenemos datos **sobre qué ha aprendido cada alumno** (los hemos evaluado) y pueden estar vinculados, **aunque pertenezcan al mismo criterio, a competencias diferentes,** podremos después tener una valoración más precisa sobre **el nivel de competencia adquirido por cada estudiante.**

Para ser más precisos, concretamos el descriptor con el que cada Indicador evaluado tiene un mayor vínculo. Así, si en todas las áreas o materias procedemos del mismo modo, cuando queramos valorar el nivel de competencias adquirido, podremos tener un buen número de valoraciones para cada competencia e incluso algunas para cada descriptor lo que nos facilitará la elaboración de planes personalizados y la determinación no solo de las competencias adquiridas sino el nivel de cada una de ellas en relación con el perfil de salida pretendido en la etapa.

Indicadores evaluados	Competencia clave (PS)	Descriptor (PS)

Paso 5. Los saberes básicos

Saberes básicos (conocimientos, destrezas y actitudes) del currículo oficial *y los necesarios para completar los aprendizajes descritos* en el criterio/s de evaluación de la situación de aprendizaje	Área o materia	Bloque
-Se trasladan aquí los saberes básicos que están en el currículo oficial (del centro) y sean necesarios para que los aprendizajes descritos en el criterio-s se puedan llevar a cabo.		
- Como los saberes básicos están agrupados por bloques, podemos registrar el bloque al que pertenecen. Nos ayudará a ello elegir los saberes básicos relacionados con la Competencia Específica a la que pertenezca el criterio o criterios de la situación de aprendizaje (o las indicaciones que algunas CCAA hayan establecido en sus concreciones curriculares).		
- Al igual que los criterios del currículo oficial, **los saberes básicos no son lo único que los alumnos tienen que aprender** (la LOMLOE los ha establecido como aquellos que son *imprescindibles* y sin los cuales los alumnos podrían tener dificultades en su desarrollo personal). Por lo que siempre es posible (y necesario porque el fin de la educación es llevar a los alumnos al máximo de sus posibilidades) añadir otros saberes. Estos deberán estar, por supuesto, **implícitos y exigidos por los aprendizajes del criterio/s elegido/s en la situación de aprendizaje**, razón por la que es necesario también ampliar los criterios si estos saberes no estuvieran implícitos claramente en el criterio. Esto tiene lógica en la estructura sistémica del curriculum. **Cuando se modifica un elemento suele ser necesario modificar los demás.**		
- **Al igual que en los criterios, los saberes que exige la SdA pueden pertenecer a otras áreas o materias**		

Los saberes que sean necesarios en la SDA y no estén en el curriculum los denominaremos **complementarios.** SI el centro en su concreción curricular ha establecido una clasificación pondremos las referencias correspondientes.		

Paso 6. Secuenciación didáctica: temporalización, saberes, metodología/secuencia de actividades, agrupamientos, espacios y recursos.

Explicamos en la tabla siguiente los criterios con los que completaremos la secuencia didáctica del paso 6.

Este apartado **recoge el fruto de las decisiones anteriores y las convierte en una secuencia didáctica de enseñanza-aprendizaje.**

- Responde al resto de cuestiones esenciales de la Didáctica. *Tales como: CUÁNDO, QUÉ, CÓMO y con QUÉ MEDIOS van a aprender los alumnos* (distinto de cómo vamos a enseñar).

- se parte de la determinación del tiempo que dedicaremos a cada actividad formativa. Luego los saberes, para saber sobre qué vamos a incidir. A continuación las actividades formativas (regidas por las metodologías o los ejercicios, actividades y tareas propuestas), el tipo de agrupamiento, los espacios y los recursos (materiales y humanos) en los que podemos referenciar para cada actividad la documentación que incluiremos en los anexos, pues las tablas no son un buen lugar para explicar de forma extensa las actividades propuestas.

- También recordaremos **el criterio o el indicador al que se dirige** cada una de las acciones formativas propuestas.

- Finalmente reservamos una columna para poder, potencialmente, en cada una de ellas, asignar el **código correspondiente a las pautas DUA.**

- Incluiremos **todas las actividades que sirvan para aprender,** lo que **incluye las tareas que se planteen para realizar fuera del aula,** en particular los denominados *deberes,* por parte del alumnado (de lo contrario estaríamos programando nuestro trabajo y no el del alumno que es el protagonista del aprendizaje).

- Y las que tengan por **finalidad verificar/evaluar los aprendizajes (ya sea en la evaluación inicial, continua o formativa o sumativa o final).** En este momento no podemos entrar en detalles en aras de la claridad del diseño general de la SdA. Posteriormente habrá que especificar mejor cada sesión, que necesitara de un desarrollo más específico en cada uno de los elementos que entran en juego.

 Temporaliza-ción	De forma general. En sesiones (o parte de ellas). Para cada paso de la secuencia de ejercicios, actividades o tareas de la metodología elegida
Saberes	-Son los que se han decidido en el paso 5. - En este caso se sitúan en la secuencia como "objeto" de aprendizaje. Para mayor claridad podemos copiarlos. - Al igual que los criterios de evaluación, los saberes enunciados en el curriculum (básicos) y los complementarios deben ser concretados pues a menudo aparecen de forma muy general en él y ahora **necesitamos saber exactamente qué va a aprender el alumno** (sean conceptos, procedimientos o actitudes) que sean precisos para que el alumnado adquiera los aprendizajes necesarios en la SdA. - En ocasiones estos saberes deben abordarse juntos para que una acción formativa sea posible (Por ejemplo: si el saber es "ser crítico" lo lógico es que se sea con "algo" que puede ser un concepto, un procedimiento o una actitud).

Metodología/ secuencia de acciones formativas	- La metodología es un **sistema de actividades** determinado.
	- **Nunca es arbitraria** ni vale por sí misma, pues no todas sirven de la misma manera. Ha de elegirse siempre la que mejor se alinee con los resultados de aprendizaje que se pretendan conseguir (y también con las características de los alumnos (donde entran en juego los principios DUA), los profesores que las van a llevar a cabo, el tiempo y los recursos disponibles).
	- En muchas ocasiones el criterio-s de evaluación nos va a señalar claramente cuál es la metodología que debemos elegir pues el verbo, que señala la acción o el conjunto de circunstancias/finalidades (para las que se emplean frecuentemente verbos en gerundio, adjetivos o adverbios), indican el modo en que las acciones del criterio deben llevarse a cabo y, por tanto, cómo deben ser aprendidas para que esto sea posible y coherente. Son sistemas de actividades con estructuras reconocibles por los profesionales y la comunidad científica, por ejemplo:
	· Los proyectos y los proyectos de comprensión.
	· Aprendizaje basado en problemas.
	· Estudio de casos.
	· Debates.
	· Simulación y role playing.
	· Aprendizaje por rincones.
	· Aprendizaje por contrato.
	· Rincones y contratos combinados.
	· Aprendizaje por tareas.
	· Aprendizaje basado en retos.
	· Aprendizaje servicio.
	· Aprendizaje experiencial.
	· Web Quest
	· Design Thinking.
	· Aprendizaje basado en el pensamiento y rutinas de pensamiento.

	· Clase invertida o Flipped Classroom.
· Gamificación.
· Escape Room educativo.
· Aprendizaje cooperativo
· Estructuras cooperativas simples (Spencer Kagan)
· Empleo de herramientas y recursos TICs integrados en las metodologías (incluida la IA)
· Círculo y asamblea.
· Centros de interés.
· Talleres.
· Exposiciones.
· Tertulias dialógicas.
· Seminario clásico.
· Tutorías (como método de aprendizaje personalizado).
· otros
- En el caso de que no empleemos ninguna de estas metodologías, sino que optemos por generar una secuencia de ejercicios, actividades y/o tareas, describiremos en qué consisten para que cualquier profesional pudiera llevarlas a cabo con el alumnado.
- Incluiremos en la secuencia las actividades que los alumnos deban realizar en casa de forma individual o en equipo. Esto es esencial para racionalizar los "deberes" e integrarlos en el proceso, teniendo en cuenta el trabajo "extra-escolar" que se manda y teniendo el centro como lugar privilegiado para el aprendizaje. Nuestro sistema es uno de los que más horas lectivas tiene en Europa y muchas veces el aprendizaje se realiza en casa, con una carga de deberás muy por encima de la media, lo que genera infinidad de problemas personales, sociales y familiares a la vez que una gran desigualdad de oportunidades. *Al colegio o al instituto debería irse a aprender y no a "informarse de lo que hay que estudiar en casa".*

	- Aun así, estas tareas son en muchos casos irrenunciables. Son esenciales cuando se trabaja con metodologías como la clase invertida y se deben programar y enseñar pues son parte esencial del "enseñar a aprender" que complementa al "aprender a aprender" que es una de las competencias sistémicas más inclusivas y relevantes en la vida de los estudiantes. - En todo caso, sobre todo en Secundaria y Bachillerato, el profesorado debería llegar a acuerdos para no sobrecargar los tiempos "fuera del aula" tendiendo al aprendizaje profundo y no a un continuo de tareas cuyo fin último sea ser entregadas.
	- Consideramos que las actividades (ejercicios, actividades o tareas) que propongamos como pruebas de evaluación tanto inicial, como formativa o sumativa, tienen un enfoque educativo (aunque nos permitan calificar) y por eso forman parte de la secuencia didáctica. A menudo tanto la realización como el análisis posterior, especialmente de los errores o el feedback del profesor o de los compañeros es una ocasión privilegiada para el aprendizaje. Esto justifica su inclusión en la secuencia, aunque su finalidad se amplíe a la evaluación. - Cuando la actividad sea empleada para evaluar habrá sido establecida en el paso 3 y lo señalaremos en esta tabla en la columna **Crit/Ind/(EVAL)** escribiendo (Eval) en la fila correspondiente, con otra información que señalaremos en el lugar correspondiente. - **La SdA tiene también su "narrativa propia" ya que no deja de ser una experiencia de aprendizaje. Dicha narrativa va a mandar sobre las propuestas didácticas. Si no lo hacemos así la SdA será "un tema del que hablamos" pero** *no una experiencia que hace necesaria y da sentido a cada actividad que realizamos.* Debemos tender a la *simplicidad en el diseño de las tareas eligiendo las más oportunas para que haya tiempo y sean significativas.* Aun así, la estructura general de la secuencia didáctica clásica nos puede servir de inspiración (aunque de

manera natural una SdA nos brinda muchos de estos pasos de forma natural). Lo reproducimos aquí para que sirva de apoyo.

Fase		Descripción de actividades y tareas
Inicio	Motivar y movilizar	Actividades para orientar al alumnado al nuevo aprendizaje. Actividades y tareas a modo de **introducción** y **motivación** al tema o contenidos a trabajar en la SdA, actividades para la **contextualización** y que doten de significado a la SdA. Presentación de la situación de aprendizaje, los objetivos y el producto a realizar.
	Activar	Actividades de detección de ideas previas o activación de **conocimientos previos** sobre los contenidos relacionados con la SdA. Análisis de situaciones, acciones o personas de su entorno más cercano a través de la observación y reflexión a partir de imágenes, videos, textos, etc. ¿Incorporamos alguna rutina de pensamiento u organizador gráfico de ideas?
Desarrollo	Explorar	Tareas o actividades que componen esta sección: actividades de **investigación**, **valoración** de fuentes, localización de la **información**, elaboración de trabajos que sirvan para aprender - Reflexión y análisis por medio de preguntas, rutina de pensamiento u organizador gráfico de ideas, etc.
	Estructurar	Descripción de las tareas o actividades que componen esta sección: actividades de análisis, **estructuración**. - Reflexión y conclusiones de forma cooperativa.

			¿Qué **pasos** se deben llevar a cabo para elaborar el **producto** final teniendo en cuenta la información obtenida?
			Elaboración del producto o solución del reto siguiendo los pasos:
			- Trabajo individual previo al producto.
			- Puesta en común mediante grupos de trabajo.
			- Elaboración del producto o solución del reto de forma cooperativa.
	Cierre	Aplicar y comprobar	Descripción de las tareas o actividades que componen esta sección: **presentación** del **producto** final y su posible **aplicación**.
			- Presentación o exposición del resultado.
			- Valoración individual (autoevaluación) y cooperativa (coevaluación)
			¿Evaluamos el proceso? ¿Cómo?
			¿Evaluamos el resultado? ¿Cómo?
		Concluir	Descripción de las tareas o actividades de **reflexión** o cierre a modo de **resumen**, **síntesis**, **extrapolación** a otros contextos y **consolidación** de aprendizajes.
			¿Qué actividades o tareas planteas a modo de conclusión? ¿Audiovisual, TIC, gamificación, rutina de pensamiento, organizador gráfico de ideas ...?
			- Preguntas de repaso.
			- Mapa conceptual.
			¿Qué actividades o tareas planteamos para **metacognición**?
			¿Y si...? Proyección en otras aulas, centro escolar, barrio, localidad, prensa, internet...

Agrupamiento	Para cada actividad determinaremos el tipo de **agrupamiento**: Individual (IND) Parejas (PAR) Pequeño grupo (PG) Gran grupo (GG)
Espacio	Para cada actividad estableceremos el **espacio** en el que se ha de realizar la actividad. En nuestra arquitectura escolar el aula es el más frecuente, pero podemos emplear **el centro y sus diferentes espacios** haciéndolos más polivalentes (pasillos, comedor, patios, salón de actos, ...) que muchas veces reducimos a un uso único y ocasional. Especial mención tienen los espacios extraescolares como son la **"casa"**, donde se realizan las actividades que denominamos "deberes". También es importante pensar en que el contexto (**la ciudad, el barrio, el pueblo, ...**) ofrece multitud de oportunidades para el aprendizaje que a menudo no activamos.
Recursos	En esta columna señalaremos los **recursos materiales** que necesitamos sean estos analógicos o digitales y también podemos señalar **los humanos**. Omitiremos "profesor" porque lo damos por hecho, pero sí pueden ser otros docentes (codocencia), expertos externos, padres o tutores, voluntarios en comunidades de aprendizaje, alumnado de prácticas que puede tener un papel relevante en las actividades, ...
Crit/Ind (EVAL)	- En esta columna estableceremos **sobre qué criterio o indicador estamos incidiendo**. - Si la actividad sirve de evaluación pondremos además "(Eval.)" para indicar que se trata de una actividad de evaluación referida al criterio/os o al indicador/es correspondiente/s. - También podemos señalar el agente: si la evaluación la realiza el alumno, autoevaluación **(Aut)**, Si es por pares, coevaluación **(Coev)** o si la realiza el profesor u otro agente formador (por ejemplo, un experto que haya formado parte de la SdA) que será heteroevaluación **(Hetev)**.

	En ocasiones podemos emplear más de una de forma simultánea para poder contrastarlas y sacar conclusiones.
DUA	Señalaremos, según el cuadro del paso 1 (criterios y pautas DUA) qué tipo de adaptación proponemos en las actividades que así lo requieran teniendo en cuenta la contextualización que hemos realizado y las características del alumnado al que va dirigida la SdA.

Paso 6: Secuenciación didáctica

Sesión nº:

Saberes/Aprendizajes	Metodología/Acciones formativas	Agrup.	Espacio	Recursos	Crit/Ind (EVAL)	DUA

Paso 7. Evaluación de la práctica docente y propuestas de mejora

Indicadores	Valoración cualitativa	Propuestas de mejora
La SdA y su relación con el currículo		
La SdA y su capacidad para generar experiencias valiosas, motivadoras y funcionales		
El análisis del contexto (personas tiempo, recursos disponibles) y adaptaciones DUA realizadas.		
El sistema de evaluación (inicial, formativa y sumativa) y de calificación		
Gestión del tiempo		
Metodologías/actividades propuestas		
Coordinación entre docentes		
Clima de aula generado		
Otros		

Plantilla para el diseño de situaciones de aprendizaje

Tabla 1. Título de la SdA
Presentación de la SdA

Tabla 2. Marco curricular y contexto de aplicación

Identificación curricular y ubicación temporal

Etapa/nivel/curso	Competencia/s específica/s y criterio/s de evaluación.	Trimestre/evaluación
Área o materia	Competencia/s específica/s y criterio/s de evaluación de otras áreas/materias.	Periodo aproximado de implementación (semanas)
Otras áreas/materias vinculadas	Saberes básicos y complementarios	Nº de sesiones

Contexto de aplicación

Tabla 3. ¿Qué se va a aprender en al SdA y qué importancia tiene cada aprendizaje?

Competencia/s Específica/s	Criterio/s de evaluación del currículo	Criterio/s de evaluación de la situación de aprendizaje	Indicadores y evidencias	La calificación

Tabla 5. La relación entre la SdA y el perfil de salida (PS) de la etapa

Indicadores evaluados	Competencia clave (PS)	Descriptor (PS)		

Tabla 6. Saberes básicos y saberes complementarios

Saberes básicos de la SdA	Materia	Bloque
Saberes complementarios de la SdA		

Tabla 7. Secuencia didáctica de cada una de las sesiones de trabajo

						Sesión nº:	
🕐	Saberes/ Aprendizajes	Metodología/Accio-nes formativas	Agrup.	Espacio	Recursos (Personales y/o materiales)	Crit/Ind (Eval)	Ref DUA

Tabla 8. Evaluación de la práctica docente y propuestas de mejora

Indicadores	Valoración cualitativa	Propuestas de mejora
La SdA y su relación con el currículo		
La SdA y su capacidad para generar experiencias valiosas, motiva-doras y funcionales		
El análisis del contexto (personas tiempo, recursos disponibles) y adaptaciones DUA realizadas.		
El sistema de evaluación (inicial, formativa y sumativa) y de calificación		
Gestión del tiempo		
Metodologías/actividades propuestas		
Coordinación entre docents		
Clima de aula generado		
Otros		

Plantilla síntesis

SdA Nº	Título:	Área/materia:	Curso:	Situación temporal:

Los aprendizajes | Competencias PS | La evaluación

Competencias específicas	Criterio/s de evaluación SdA	Indicadores	Valor en %	Comp.	Desc.	Instrumentos o pruebas de Evaluación	Instrumentos de Calificación

La secuencia didáctica

⏱	Saberes/ aprendizajes	Metodología/Acciones formativas	Agrup.	Espacio	Recursos	Crit/Ind (EVAL)	DUA

Ev. actividad docente y propuestas de mejora

Capítulo 4.
Situación de aprendizaje en educación secundaria obligatoria

Tabla 1.

Come bien, vive mejor. Explorando la ciencia de la nutrición: exposición divulgativa para la toma de conciencia de una alimentación saludable

Presentación de la Situación de Aprendizaje

Esta Situación de Aprendizaje (SdA), entendida como un conjunto de experiencias y actividades secuenciadas, corresponde al área de Biología y Geología. En este libro se presenta como SdA una serie de actividades y situaciones que implican el despliegue, por parte del alumnado, de actuaciones asociadas a algunos criterios de evaluación del área de Biología y Geología con la intención de que este grupo adquiera y desarrolle competencias clave y específicas vinculadas a esta.

En un mundo donde la información sobre alimentación y salud está al alcance de un clic, es fundamental que los jóvenes desarrollen un pensamiento crítico y una conciencia informada sobre sus hábitos alimenticios. La Situación de Aprendizaje titulada **"Come bien, vive mejor. Explorando la ciencia de la nutrición: exposición divulgativa para la toma de conciencia de una alimentación saludable"** se presenta como una oportunidad única para que los estudiantes de 3º de ESO profundicen en el conocimiento de la nutrición y su impacto en la salud y el bienestar.

Este proyecto se enmarca en el currículo de la Comunidad Valenciana, fundamentalmente dentro de los bloques de contenidos I y II del currículo de la materia, alineándose con las competencias clave establecidas, como la competencia en comunicación lingüística, la competencia matemática y competencias básicas en ciencia y tecnología. A través de una exposición divulgativa, el alumnado no solo adquirirá conocimientos teóricos sobre los nutrientes, la pirámide alimenticia y la importancia de una dieta equilibrada, sino que también desarrollarán habilidades prácticas en la investigación, el trabajo en equipo y la comunicación efectiva. Esta tarea culminará con la creación de posters divulgativos para presentarlos a modo de exposición en el centro educativo y facilitar así que toda la comunidad educativa tome conciencia de la importancia de adquirir hábitos saludables para poder vivir más y mejor.

Además, se abordarán competencias específicas relacionadas con la educación para la salud, fomentando la reflexión crítica sobre los hábitos alimentarios y promoviendo un estilo de vida saludable. Los estudiantes tendrán la oportunidad de investigar, analizar y presentar información de manera creativa, lo que les permitirá no solo aprender sobre alimentación, sino también convertirse en agentes de cambio en sus entornos familiares y sociales.

A través de esta experiencia, buscamos empoderar a los jóvenes para que tomen decisiones informadas sobre su alimentación, contribuyendo así a su desarrollo integral y a la promoción de una cultura de salud en la comunidad.

Esta SdA ha sido diseñada para desarrollarse, *a priori,* durante siete semanas, en trece sesiones, pero es susceptible de ser modificada en cuanto a su temporalización.

Tabla 2. Marco curricular y contexto de aplicación					
Identificación curricular y ubicación temporal					
Etapa/nivel/ curso	3º ESO	Competencia/s específica/s y criterio/s de evaluación	C.E.1: C 1.1, 1.2 y 1.3 C.E.2: C 2.1, 2.2 y 2.4 C.E.3: C 3.3 y 3.5 C.E.5: C 5.1 y 5.2 CE10: C 10.3	Trimestre/evaluación	1º Trimestre
Área o materia	Biología y Geología	Competencia/s específica/s y criterio/s de evaluación de otras áreas/ materias		Periodo aproximado de implementación (semanas)	Semana 38 a 45

| Otras áreas/ materias vinculadas | No se vincula con otras materias | Saberes básicos | Bloque 1: metodología de la ciencia. 1.2 / 1.3 Bloque 2: cuerpo humano y hábitos saludables 2.2 / 2.5 / 2.6/ 2.10 Bloque 5: ecología y sostenibilidad. 5.8 | Nº de sesiones | 13 sesiones |

Contexto de aplicación

El centro educativo integrado de 3 líneas, situado en la Comunidad Valenciana, aborda la enseñanza en las etapas de Educación Infantil, Primaria, Secundaria obligatoria y Bachillerato.

El alumnado es heterogéneo, procedente en su inmensa mayoría del barrio donde se ubica el Centro. Se trata de una zona con un nivel socioeconómico medio que ha visto envejecida su población en los últimos años y por tanto el nivel de renta también ha disminuido, existiendo en la actualidad muchas viviendas que están siendo ocupadas por familias con menos recursos económicos.

Es un centro que apuesta por la atención a la diversidad, teniendo autorizados los programas de PDC 3 y 4.

Apuesta por metodologías activas en las que se enmarca esta SdA.

El grupo en el que se ha implementado la situación de aprendizaje es de 3º de ESO, formado por 76 alumnos distribuidos en 3 clases que presentan diferentes grados de madurez cognitiva. No se ha desarrollado con alumnado del Programa de Diversificación Curricular de 3º ESO por impartir la materia de Biología y Geología incluida en el Ámbito Científico y, por tanto, al ser una materia diversificada, no compartían la clase. Entre el alumnado se encuentran 3 alumnos/as con Altas Capacidades, 4 alumnos/as con Trastorno de Atención con Hiperactividad (TDAH) y 5 alumnos/as con problemas de Lectoescritura.

El centro cuenta, además, con unas horas de especialista en pedagogía terapéutica (PT) que refuerza el trabajo del profesorado responsable. En caso de incorporación tardía del alumnado se les facilitan guías didácticas para el seguimiento individualizado de este.

Tabla 3. ¿Qué se va a aprender y qué importancia tiene?

Competencia/s Específica/s	Criterio/s de evaluación del currículo	Criterio/s de evaluación de la situación de aprendizaje	Indicadores y evidencias	La calificación
CE1. Resolver problemas científicos abordables en el ámbito escolar a partir de trabajos de investigación de carácter experimental.	1.1–Realizar una interpretación adecuada de los hechos observados o los datos disponibles para contrastar hipótesis y extraer conclusiones que le resultan de utilidad en su conocimiento del mundo que le rodea.	1.1 Realizar una interpretación adecuada de los hechos observados o los datos disponibles para extraer conclusiones que le resultan de utilidad en su conocimiento del mundo que le rodea.	1.1.1. Observación y recopilación de datos. 1.1.2. Interpretación de hechos y datos. 1.1.3. Elaboración de conclusiones **Evidencias** E 1.1.1. Observa y recopila datos. E 1.1.2. Interpreta adecuadamente hechos y datos. E 1.1.3. Elabora conclusiones fundamentadas.	1.1.1. 1% 1.1.2. 2% 1.1.3. 2%
	1.2–Elaborar informes de las investigaciones que justifiquen	1.2 Elaborar informes de las investigaciones de acuerdo con los resultados	1.2.1. Elaboración de informes. 1.2.2. Contrastación con los modelos teóricos.	1.2.1. 2% 1.2.2. 3%

	correctamente las conclusiones obtenidas de acuerdo con los resultados obtenidos y en el marco de los modelos o teorías.	obtenidos y en el marco de los modelos teóricos.	**Evidencias** E1.2.1. Elabora informes E 1.2.2. Contrasta con modelos teóricos.	
	1.3–Argumentar, debatir y razonar sobre el problema investigado y la validez de la experiencia propuesta.	1.3 Argumentar, debatir y razonar sobre el problema investigado y la validez de la experiencia propuesta.	1.3.1. Capacidad de argumentación 1.3.2. Capacidad de debate 1.3.3. Razonamiento. **Evidencias** E 1.3.1. Argumenta E 1.3.2. Debate E 1.3.3. Razona	1.3.1. 2% 1.3.2. 1% 1.3.3. 2%
CE2–Analizar situaciones problemáticas reales utilizando la lógica científica y explorando las posibles consecuencias de las soluciones propuestas para afrontarlas.	2.1–Utilizar correctamente los términos más habituales asociados a los distintos ámbitos de la ciencia.	2.1 Utilizar correctamente los términos más habituales asociados a los distintos ámbitos de la ciencia.	2.1.1. Empleo correcto del vocabulario específico de Biología y Geología. **Evidencias** E 2.1.1. Emplea correctamente el vocabulario propio de Biología y Geología.	2.1.1. 5%

	2.2–Utilizar correctamente las herramientas informáticas necesarias para su trabajo.	2.2 Utilizar correctamente las herramientas informáticas necesarias para su trabajo.	2.2.1. Empleo correcto de herramientas informáticas. **Evidencias** E 2.2.1. Emplear correctamente las herramientas informáticas.	2.1.1. 3%
	2.4–Elegir la herramienta informática adecuada para presentar los resultados de sus trabajos de forma autónoma.	2.4 Elegir la herramienta informática adecuada para presentar los resultados de sus trabajos de forma autónoma.	2.4.1. Elección adecuada de las herramientas informáticas para la presentación de resultados en trabajos. **Evidencias** E 2.4.1. Elige la herramienta informática adecuada para el diseño de trabajos.	2.4.1. 2%
CE3–Utilizar el conocimiento científico como instrumento del pensamiento crítico, interpretando y comunicando mensajes científicos, desarrollando	3.3–Comunicarse utilizando el lenguaje científico para participar en intercambios o en debates, interpretando y produciendo mensajes	3.3 Comunicarse utilizando el lenguaje científico para participar en intercambios o en debates.	3.3.1. Comunicación aplicando el registro científico propio del tema. **Evidencias** E 3.3.1. Comunica aplicando el registro científico propio del tema.	3.3.1. 5%

argumentaciones y accediendo a fuentes fiables, para distinguir la información contrastada de los bulos y opiniones.	científicos, con un rigor medio, adecuado a los saberes básicos propios del nivel.			
	3.5–Utilizar fuentes de información contrastada para construir sus argumentaciones (textos escritos, audios, gráficas, infografías, vídeos) con un grado de complejidad medio.	3.5 Utilizar fuentes de información contrastada para construir sus argumentaciones.	3.5.1. Empleo de fuentes contrastadas de información. **Evidencias** E 3.5.1. Emplea fuentes de información contrastadas.	3.5.1. 5%
CE5. Adoptar hábitos de vida saludable basados en el conocimiento del funcionamiento del propio cuerpo y de los peligros del uso y abuso de determinadas prácticas y	5.1–Explicar adecuadamente qué requerimientos debe cumplir una dieta sana, equilibrada y sostenible.	5.1 Explicar adecuadamente qué requerimientos debe cumplir una dieta sana y equilibrada.	5.1.1. Explicación adecuada de los requerimientos de una dieta sana y equilibrada. **Evidencias** E 5.1.1. Explica adecuadamente los requerimientos de una dieta sana y equilibrada.	5.1.1. 40%

del consumo de algunas sustancias.				
	5.2–Explicar la importancia de mantener hábitos saludables a partir de fundamentos biológicos.	5.2 Explicar la importancia de mantener hábitos saludables.	5.2.1. Explicación adecuada de la importancia de mantener hábitos saludables. **Evidencias** E 5.2.1. Explica la importancia de mantener hábitos saludables	5.2.1. 20%
CE10. Adoptar hábitos de comportamiento en la actividad cotidiana responsables con el entorno, aplicando criterios científicos y evitando o minimizando el impacto medioambiental.	10.3–Describir las pautas principales para realizar un consumo sostenible y de proximidad, así como las consecuencias ambientales y sociales que se derivan de no aplicarlas.	10.3–Describir las pautas principales para realizar un consumo sostenible y de proximidad.	10.3.1. Descripción de pautas de un consumo sostenible y de proximidad. **Evidencias** E 10.3.1. Reconoce qué es un consumo sostenible y de proximidad	10.3.1. 5%

Tabla 4. El sistema de evaluación ¿Cómo se evaluarán y calificarán los aprendizajes?

Incluimos en la SdA una evaluación inicial, que no será tenida en cuenta en la calificación; sin embargo, es empleada para recoger información acerca de cuáles son los aprendizajes relacionados con los conceptos sobre nutrientes y alimentación implicados en la SdA con los que parte el estudiante, así como para conocer las ideas preconcebidas relacionadas con la alimentación. A través de esta evaluación inicial, podemos delimitar con claridad cuáles son los procesos y saberes que requieren más dedicación, así como decidir el diseño de las actividades que serán propuestas a lo largo de la SdA. Del mismo modo, los estudiantes pueden comprobar dónde se sitúa el punto de partida del aprendizaje. Por otro lado, aplicamos la evaluación formativa o continua con el fin de hacer un seguimiento del proceso de aprendizaje para que el discente pueda encarar de manera más satisfactoria la consecución del reto. Si bien la evaluación formativa tiene como objetivo propiciar retroalimentación que permita el avance del estudiante, también en este caso será objeto de calificación. Los instrumentos de calificación que se van a emplear para comprobar si se han alcanzado los diferentes aprendizajes son la rúbrica, lista de chequeo y escala de valoración. Con la rúbrica calificamos los conocimientos adquiridos sobre nutrientes y alimentación y la calidad de los posters finales. Con la lista de chequeo calificamos la elaboración del póster, el esquema de planificación, y la intervención en los debates vinculadas también con la evaluación continua o formativa.

En la presente SdA se incluye, además, evaluación final o sumativa. La prueba correspondiente para la misma es el póster creado por el estudiante, que constituye el producto final en el que se pueden evidenciar los aprendizajes que han sido alcanzados por el estudiante y que aparecen incluidos en los criterios de evaluación de la SdA. Cada una de las diferentes acciones y fases que conforman el proceso de elaboración del póster, y las actividades relacionadas con ellas, que constituyen buen parte de la SdA, han contribuido a la obtención de este.

El póster, como producto final del proceso de aprendizaje sobre la nutrición, constituye una prueba de evaluación válida debido a que con ella se pueden verificar los aprendizajes recogidos en los criterios de evaluación.

En la evaluación de todo el proceso se van a aplicar técnicas de heteroevaluación (por parte del docente). La diversificación de elementos para la evaluación: diversos instrumentos, configura una SdA alineada con los principios del DUA. La evaluación expuesta guarda relación con los diferentes principios del DUA.

Evaluación inicial				Evaluación continua-formativa				
Aprendizajes que evaluar	Criterio de referencia	Prueba	Inst. de calificación	Aprendizajes que evaluar	Criterio y/o indicador de referencia	Prueba	Instrumento de calificación	Valor de la evaluación continua con respecto al criterio de referencia
Conocimientos previos	2.2 / 2.5 / 2.10	Cuestionario	Lista de chequeo y observación directa	Explicación funcionamiento APP / Registro de datos / Puesta en común	1.1 / 1.3 / 2.1 / 2.2	Cuestionario / Registro dieta / Puesta en común	Lista de chequeo / Rúbrica	4 %
				Mapa conceptual (síntesis y estructuración)	1.1 / 1.2 / 2.1 / 2.2 / 2.4	Esquema de planificación	Lista de chequeo	4 %
				Diseño de un plan de mejora de la dieta. Diseño de una tabla de datos.	1.1 / 1.2 / 2.2 / 2.4 / 5.1	Portafolio	Rúbrica	13 %

Saberes/aprendizajes		Criterio/s que evalúa	Prueba/producto final	Instrumento de calificación	Valor en la situación de aprendizaje
	Visita y encuesta de consumo	1.1 / 1.2	Cuaderno de aula	Lista de chequeo	2 %
	Puesta en común de la visita al mercado	1.1 / 2.1 / 3.3 / 10.3	Exposición oral	Escala de valoración	13 %
	Debate "Super Size me"	1.1 / 1.2 / 1.3 / 2.1 / 3.3 / 5.2	Exposición oral	Escala de valoración	20 %

Evaluación final /sumativa

Saberes/aprendizajes	Criterio/s que evalúa	Prueba/producto final	Instrumento de calificación	Valor en la situación de aprendizaje
Biología y Geología 1.2 / 1.3 / 2.5 / 2.10	Biología y Geología 1.1 / 1.3 / 2.1 / 2.2 / 2.4 / 3.5 / 5.1	Elaboración de la infografía	Rúbrica / Lista de chequeo	22 %
Biología y Geología 1.2 / 1.3 / 2.5 / 2.10	Biología y Geología 3.3 / 5.1 / 5.2	Presentación de la infografía	Rúbrica	22 %

Tabla 5. Relación con las competencias del perfil de salida (ps) de la etapa		
Indicadores evaluados	Competencia clave (PS)	Descriptor (PS)
1.1 / 1.2 / 1.3	CCL STEM CD CPSAA	Desarrollar las habilidades que le permitan seguir aprendiendo a lo largo de la vida, desde la confianza en el conocimiento como motor del desarrollo y la valoración crítica de los riesgos y beneficios de este último.
2.1 / 2.2 / 2.4	STEM CD CPSAA CC	Desarrollar las habilidades que le permitan seguir aprendiendo a lo largo de la vida, desde la confianza en el conocimiento como motor del desarrollo y la valoración crítica de los riesgos y beneficios de este último.
3.3 / 3.5	CCL CP STEM	Desarrollar las habilidades que le permitan seguir aprendiendo a lo largo de la vida, desde la confianza en el conocimiento como motor del desarrollo y la valoración crítica de los riesgos y beneficios de este último.
5.1 / 5.2	STEM CPSAA CC	Desarrollar estilos de vida saludable a partir de la comprensión del funcionamiento del organismo y la reflexión crítica sobre los factores internos y externos que inciden en ella, asumiendo la responsabilidad personal y social en el cuidado propio y en el cuidado de las demás personas, así como en la promoción de la salud pública.
10.3	STEM CPSAA CC CE	Desarrollar una actitud responsable a partir de la toma de conciencia de la degradación del medioambiente y del maltrato animal basada en el conocimiento de las causas que los provocan, agravan o mejoran, desde una visión sistémica, tanto local como global. Identificar los diferentes aspectos relacionados con el consumo responsable, valorando

		sus repercusiones sobre el bien individual y el común, juzgando críticamente las necesidades y los excesos y ejerciendo un control social frente a la vulneración de sus derechos.

Tabla 6. Saberes básicos y saberes complementarios

Saberes básicos de la SdA	Materia	Bloque
Estrategias de utilización de herramientas digitales para la búsqueda de la información, la colaboración y la comunicación de procesos, resultados e ideas en diferentes formatos (infografía, presentación, póster, informe, gráfico...)	ByG	1.2
Lenguaje científico y vocabulario específico de la materia de estudio en la comprensión de informaciones y datos, la comunicación de las propias ideas, la discusión razonada y la argumentación sobre problemas de carácter científico	ByG	1.3
La salud y la enfermedad. Enfermedades infecciosas y no infecciosas. Higiene y prevención	ByG	2.2
Necesidades nutricionales: los nutrientes, los alimentos y hábitos alimenticios saludables y sostenibles. Dietas saludables y trastornos de la conducta alimentaria.	ByG	2.5
Alteraciones más frecuentes, enfermedades asociadas, prevención de las mismas y hábitos de vida saludables en relación a las funciones de nutrición, relación y reproducción.	ByG	2.10
Corresponsabilidad en la protección ambiental. La importancia de las acciones individuales, locales y globales.	ByG	5.8
Saberes complementarios de la SdA		
Los relacionados con la maquetación de infografías	C2.	

Medidas de atención educativa a nivel de aula. Los principios y pautas DUA

Los principios y pautas DUA se van a aplicar teniendo en cuenta las características del grupo que han sido expuestas anteriormente, y aparecen especificadas en las tablas siguientes en las que se desarrollan las diferentes sesiones. Todos ellos hacen referencia a los principios que se han presentado en el apartado de guía de la elaboración de la SdA

Tabla 7. Secuencia didáctica de cada una de las sesiones de trabajo

					Sesión nº: 1	
🕐	Saberes/Aprendizajes	Metodología/Acciones formativas	Agrup.	Espacio	Recursos (Personales y/o materiales)	Crit/Ind (Eval)	Referencia DUA
55'	Lectura y valoración de un texto. Análisis de los conocimientos previos.	Introducción, motivación y detección de ideas previas 55' Lectura de un breve artículo sobre la posibilidad de valorar el consumo de insectos como actividad de introducción y motivación a la SdA. (Anexo 1.1.)	IND	Aula	Anexo 1.1. Los insectos como fuente de alimento. Anexo 1.2. Cuestionario ideas previas	—	Principio I pauta 1.1 y 1.3 Principio III Pauta 3.2

Posteriormente el alumnado responde en su cuaderno a una serie de preguntas para valorar el nivel de conocimientos previos sobre los conceptos que se tratarán en el tema: alimentación vs nutrición, tipos de nutrientes, etc. así como las ideas preconcebidas. (Anexo 1.2.).

	Sesión nº: 2	

⏱ 55'	Saberes/ Aprendizajes	Metodología/Acciones formativas	Agrup.	Espacio	Recursos (Personales y/o materiales)	Crit/Ind (Eval)	Referencia DUA
55'	Presentación de la SdA. Explicación de herramientas TIC Definición del producto final.	**Presentación de la SdA: 55'** 10' Presentación de la situación de aprendizaje: qué se va a trabajar, cómo se va a trabajar, cómo y cuándo se va a evaluar y qué producto se va a elaborar. 15' Partiendo de las ideas previas, se enumeran los conocimientos necesarios que llevarán a la adquisición de los saberes básicos de la SdA que les permitirán adquirir las competencias específicas. 10' Explicación y descarga de APP para el desarrollo de proyecto sobre alimentación saludable:	IND	Aula/ Casa	Conexión a Internet Uso de dispositivos móviles **Anexo 2.1.** ¿Cómo descargar la aplicación Yuka y funcionalidades? **Anexo 2.2.** Enlace de descarga diario Planificador Comida **Anexo 2.3.** Tutorial Diario Planificador Comida.	—	Principio I pauta 1.1 y 1.3 Principio III Pauta 3.1

El alumnado debe descargar las aplicaciones "YUKA" y "Diario Planificador Comida". (Anexo 2.1. y 2.2.) 10' Explicación del producto final: el alumnado elaborará en grupo un póster en CANVA sobre 7 temáticas diferentes relacionadas con la Situación de Aprendizaje.	10' Introducción a clase invertida: el docente indica que deben visionar en su casa un tutorial sobre el funcionamiento de la aplicación "Diario Planificador Comida". A través de un enlace web (anexo 2.3.).

Secuencia didáctica de cada una de las sesiones de trabajo						Sesión nº: 3	
⏲	Saberes/ Aprendizajes	Metodología/Acciones formativas	Agrup.	Espacio	Recursos (Personales y/o materiales)	Crit/Ind (Eval)	Ref DUA
55'	Explicación funciona-miento APP Registro de datos Puesta en común	15' Confirmación sobre la visualización del vídeo a través de la respuesta a un formulario online y resolución de dudas sobre su uso. (Anexo 3.1.) 10' Con relación a la aplicación "Diario plani-ficador" se les propone el registro detallado de su dieta durante una semana.	IND	AULA	Conexión a Internet Uso de dispositivos móviles. **Anexo 3.1.** Cuestionario Forms confirmación vi-sualización tutorial Diario Planificador Comida.	1.1.1. 1.3.1. 1.3.2. 1.3.3. 2.1.1. 2.2.2.	Principio I pauta 1.1 y 1.3 Principio II Pauta 2.2.

15' El alumnado, una vez descargada la aplicación "YUKA" se les explica su finalidad y funcionamiento básico. 15' El docente da las pautas para que el alumnado registre de forma detallada 10 de los productos más habituales en su compra semanal con ayuda de "YUKA" y completen una tabla de registro. En clase se realizará una puesta en común de las aportaciones del alumnado. (Anexo 3.2.)		Tabla de registro dieta **Anexo 3.2.** Registro productos con Yuka

Secuencia didáctica de cada una de las sesiones de trabajo						Sesión nº: 4 y 5		
⏱	Saberes/Aprendizajes	Metodología/Acciones formativas	Agrup.	Espacio	Recursos (Personales y/o materiales)	Crit/Ind (Eval)	Ref DUA
110'	Introducción de saberes básicos: · Comer bien mejora la salud. Una buena salud nutricional · Clasificación de los nutrientes · Concepto de dieta · La rueda de los alimentos · Plato de Harvard · Función de los alimentos · ¿Qué aportan las dietas? · Dietas especializadas · Dietas y hábitos saludables	Clase magistral participativa/TIC 90' El docente introduce los saberes básicos fundamentales de la SdA a través de un PowerPoint que compartirá a través de una plataforma de comunicación con el alumnado o bien a través de una WebQuest elaborada previamente por el docente.	IND	AULA	Libro físico PowerPoint Pizarra digital	1.1.3. 1.2.1. 2.1.1. 2.2.2. 2.4.1.	Principio I pauta 1.1 y 1.3

					Síntesis y estructuración 20'	· Dietas no equilibradas
					Al finalizar las sesiones, el alumnado deberá desarrollar un mapa conceptual como síntesis y estructuración de los conocimientos adquiridos.	· Enfermedades relacionadas con las dietas. Mapa conceptual (síntesis y estructuración)

Secuencia didáctica de cada una de las sesiones de trabajo						Sesión nº: 6 y 7	
(clock)	Saberes/Aprendizajes	Metodología/Acciones formativas	Agrup.	Espacio	Recursos (Personales y/o materiales)	Crit/Ind (Eval)	Ref DUA
55' + 55'	Introducción de saberes básicos: · Concepto de dieta, rueda de los alimentos y plato saludable. · Clasificar los alimentos usando la rueda de los alimentos a partir de los nutrientes necesarios para una dieta equilibrada y saludable. · Evolución del concepto de dieta hasta el plato de Harvard.	Clase magistral participativa/TIC 55' El docente introduce los saberes básicos fundamentales de la SdA a través de un PowerPoint que compartirá a través de una plataforma de comunicación con el alumnado o bien a través de una WebQuest elaborada previamente por el docente. Aplicación 55' Con la información recopilada sobre su dieta" así alimentación	IND	AULA	Libro físico PowerPoint Pizarra digital	1.1.2. 1.1.3. 1.2.1. 1.2.2. 2.2.2. 2.4.1. 5.1.1.	Principio I pauta 1.1 y 1.3 Principio III Pauta 3.2

Diseño de un plan de mejora de la dieta. Diseño de una tabla de datos.	"Planificador como de la calidad y el valor nutricional mediante "YUKA", el alumnado, trabajando en grupos, elegirá una de las dietas y elaborará un plan de mejora de esta. Para ello, diseñarán una tabla en equipo con la dieta semanal, teniendo presente que ha de ser equilibrada y saludable. Deberán tener en cuenta las necesidades nutricionales a partir de cálculos matemáticos. Tendrán en cuenta los alimentos, sus proporciones y nutrientes.

Secuencia didáctica de cada una de las sesiones de trabajo — Sesión nº: 8

⏱	Saberes/Aprendizajes	Metodología/Acciones formativas	Agrup.	Espacio	Recursos (Personales y/o materiales)	Crit/Ind (Eval)	Ref DUA
120'	Encuesta de consumo sobre los siguientes aspectos: · Hábitos de consumo. · Etiquetado de productos. · Origen geográfico de productos.	Aplicación 30' Se explica la actividad de la visita al Mercado Central dando las indicaciones de lo que deben hacer.	GG			1.1.1. 1.2.1.	Principio I pauta 1.1 y 1.3 Principio III Pauta 3.2

Secuencia didáctica de cada una de las sesiones de trabajo — Sesión nº: 9

⏱	Saberes/Aprendizajes	Metodología/Acciones formativas	Agrup.	Espacio	Recursos (Personales y/o materiales)	Crit/Ind (Eval)	Ref DUA
55'	Análisis de resultados obtenidos:						

	Síntesis 55' Puesta en común de la actividad del Mercado Central.	GG	AULA	Mercado central Encuestas		Principio I pauta 1.1 y 1.3 Principio III Pauta 3.1
· Hábitos de consumo y reflexión sobre si se ajustan a los que debería ser una dieta equilibrada comparándola con el Plato de Harvard. · Procedencia de los productos vendidos en el Mercado Central, comparando con los que habitualmente consumen.					1.1.2. 1.1.3. 1.3.1. 1.3.2. 1.3.3. 2.1.1. 3.3.1. 5.1.1. 5.2.1. 10.3.1.	

Secuencia didáctica de cada una de las sesiones de trabajo						Sesión nº:10	
⏱	Saberes/Aprendizajes	Metodología/Acciones formativas	Agrup.	Espacio	Recursos (Personales y/o materiales)	Crit/Ind (Eval)	Ref DUA
55'	Introducción de saberes básicos: ·Trastorno de la conducta alimentaria Visualización del documental para el análisis de consecuencias Búsqueda de información Análisis de consecuencias	Clase magistral participativa/TIC A partir de la visualización en casa del documental "Super Size me" y de la búsqueda de información de diferentes trastornos de la conducta alimentaria, se establecerá en el aula un debate para analizar las consecuencias de una mala alimentación. (Anexo 10.1)	IND	AULA	Libro físico PowerPoint Pizarra digital Anexo 10.1. Visualización SuperSize-me Ordenador o Chromebook con acceso a Internet	1.1.2. 1.1.3. 1.2.2. 1.3.1. 1.3.2. 1.3.3. 2.1.1. 3.1.1. 5.1.1. 5.2.1.	Principio I pauta 1.1 y 1.3

Secuencia didáctica de cada una de las sesiones de trabajo						Sesión nº: 11	
⏱	Saberes/Aprendizajes	Metodología/Acciones formativas	Agrup.	Espacio	Recursos (Personales y/o materiales)	Crit/Ind (Eval)	Ref DUA
55'	Diseño de posters recogiendo los conocimientos básicos relacionados con dietas especiales: · Dieta baja en azúcares para problemas de diabetes. · Dieta baja en colesterol. · Dieta baja en sodio. · Dieta con alérgenos. · Dieta no equilibrada.	Clase magistral participativa 25' El docente explica cómo debe ser la actividad final la infografía. (Anexo 11.1.) Aplicación 35' El alumnado, organizado por grupos, elaborará una infografía en CANVA sobre una dieta especial. Deberán indicar las características de la dieta, a quien van dirigidas y por qué, alimentos a incluir y excluir, etc. Finalizarán estos posters en casa.	IND PG	AULA	Chromebook Anexo 11.1. Enlace diseño con Canva	1.1.1. 1.1.2. 1.1.3. 1.3.1. 1.3.2. 1.3.3. 2.1.1. 2.2.1. 2.4.1. 3.5.1. 5.1.1.	Principio I pauta 1.1 y 1.3 Principio II Pauta 2.2.

Secuencia didáctica de cada una de las sesiones de trabajo					Sesión nº: 12 y 13	
Saberes/Aprendizajes	Metodología/Acciones formativas	Agrup.	Espacio	Recursos (Personales y/o materiales)	Crit/Ind (Eval)	Ref DUA
110' Exposición oral de defensa de las infografías elaboradas. Estrategias de reflexión sobre el proceso de aprendizaje, autoevaluación y autocorrección.	**Aplicación 110'** Los estudiantes exponen en el ámbito del aula los diferentes posters elaborados. Posteriormente se cuelgan en el pasillo del Colegio para su visualización y aprovechamiento por el resto de la comunidad educativa. (Anexo 12.1.)	IND	AULA	Cartón pluma Caballetes **Anexo 12.1.** Ejemplo de cartel	3.3.1. 5.1.1. 5.2.1.	Principio II Pauta 2.2.

Tabla 8. Evaluación de la práctica docente y propuesta de mejora		
Indicadores	Valoración cualitativa	Propuestas de mejora
La SdA y su relación con el currículo	La situación de aprendizaje ha permitido que los estudiantes realicen actividades que les ayudarán a progresar en el desarrollo de las competencias específicas del área de Biología y Geología. Se ha evaluado al alumnado a partir de los criterios de evaluación correspondientes a cada competencia.	Establecer más lazos interdisciplinares
La SdA y su capacidad para generar experiencias valiosas, motivadoras y funcionales	La actividad en la que los alumnos tenían que hacer una visita al Mercado Central facilitó que estuvieran centrados en la tarea. La realización de las infografías proporcionó al alumnado una visión global de toda las SdA.	
El análisis del contexto (personas, tiempo, recursos disponibles) y adaptaciones DUA realizadas.	La realización de la salida al mercado Central estuvo precedida de la pertinente autorización de las familias para salir del centro, así como prever qué otros profesores podían acompañar en la misma.	Ampliar la utilización de recursos propios del entorno.
El sistema de evaluación (inicial, formativa y sumativa) y de calificación	Hay evaluación inicial, formativa y final, algunos indicadores no se califican en la evaluación formativa pero sí se proporciona al estudiante retroalimentación para que aprenda a partir de su práctica.	Promover la coevaluación en el grupo

Gestión del tiempo	La SdA ha resultado muy ambiciosa, por lo que algunas actividades no se han podido finalizar en clase y el alumnado se ha visto obligado a terminarlas en casa.	Dar pautas a los alumnos que les ayuden a organizar mejor el trabajo en grupo para que puedan aprovechar más el tiempo.
Metodologías/actividades propuestas	Los cambios introducidos con esta SdA, pese a que han sido interesantes, novedosos y bien valorados por el estudiantado, en algún momento les ha generado una cierta intranquilidad.	Se debería trabajar en más ocasiones utilizando este tipo de metodologías.
Coordinación entre docentes	En la visita al Mercado Central se ha contado con docentes de apoyo para ayudar en el desplazamiento de todo el alumnado por la ciudad.	
Clima de aula generado	La mayoría de los estudiantes han trabajado en lo que se le pedía y esto ha favorecido que hubiera un ambiente propicio para el aprendizaje, aunque en el trabajo en pequeño grupo ha habido sesiones en las que había alumnos poco implicados y ha sido necesaria la intervención del profesor para encauzar la situación.	

ANEXO 1.1. LOS INSECTOS COMO FUENTE DE ALIMENTO

En los últimos años, ha surgido un creciente interés a nivel internacional por fomentar y valorar el consumo de insectos. Estos pequeños seres son una fuente nutritiva excepcional, destacando por su alto contenido en proteínas, que puede variar entre un 30% y un 80% de su peso seco, dependiendo de la especie. Esta cantidad de proteínas es comparable, e incluso superior, a la de fuentes tradicionales como la carne de res, el pollo o el pescado. Además, los insectos contienen aminoácidos esenciales que son fundamentales para el crecimiento y la reparación de tejidos en el cuerpo humano.

Su producción también tiene un bajo impacto ecológico y económico, lo que convierte la cría de insectos y la utilización de sus productos derivados en una industria prometedora que comienza a desarrollarse gradualmente en Europa. Hoy en día, es posible encontrar en algunos supermercados tanto insectos enteros, como cigarras, diversas especies de grillos y mini saltamontes, así como productos que los incorporan como ingrediente, siendo las harinas de insectos las más comunes.

Además de su alto contenido proteico, los insectos son ricos en grasas saludables, vitaminas y minerales, lo que los convierte en un alimento completo y nutritivo. Desde 2018, la comercialización de estos alimentos está regulada por el Reglamento de la Unión Europea sobre nuevos alimentos, lo que garantiza su seguridad y calidad.

Tabla Comparativa de Nutrientes (por cada 100 gramos)

Nutriente	Grillo (T. *molitor*)	Pollo (pechuga)	Carne de res (magro)	Salmón (fresco)
Proteínas	60 g	31 g	26 g	20 g
Grasas	20 g	3.6 g	10 g	13 g
Carbohidratos	0 g	0 g	0 g	0 g
Calcio	50 mg	18 mg	18 µg	9 g
Hierro	4.2 mg	2.6 mg	2.6 mg	0.8 mg
Vitaminas B12	0.1 µg	0.3 µg	2.4 µg	4.9 µg

Nota: Los valores pueden variar según la preparación y la especie específica de insecto o carne.

ANEXO 1.2. CUESTIONARIO IDEAS PREVIAS

Los estudiantes deberán expresar sus conocimientos sobre conceptos clave necesarios para el desarrollo del proyecto, además de argumentar y debatir sus ideas con sus compañeros. Este enfoque permitirá al docente obtener una comprensión clara del punto de partida de sus alumnos.

1. ¿Cuáles son los principales grupos de nutrientes y cuáles son sus funciones en el cuerpo humano?

2. ¿Cómo pueden los nutrientes presentes en los alimentos influir en nuestra salud y bienestar a largo plazo?

3. ¿Conoces el Plato de Harvard? ¿Cómo se debe distribuir un plato equilibrado según las recomendaciones del Plato de Harvard?

4. ¿Qué hábitos alimentarios saludables consideras que puedes incorporar en tu vida diaria y cómo pueden mejorar tu salud general?

5. Qué diferencia hay entre Alimentación y Nutrición.

6. Enumera similitudes y diferencias entre ambas.

7. Indica cuáles son los principales nutrientes.

8. Indica 5 alimentos y tipos de nutrientes que contienen.

9. ¿Qué son nutrientes de origen orgánico e inorgánico? Pon ejemplos de cada uno de ellos.

10. ¿Cuáles son las funciones de los nutrientes a nivel celular?

11. Dieta saludable vs No saludable. Indica las diferencias poniendo ejemplos.

12. ¿Qué son las dietas especiales?

13. ¿Qué son alimentos saludables y alimentos no saludables? Pon ejemplos de cada uno de ellos.

14. ¿Sabes lo que es la rueda de alimentos? Tipos de agrupaciones.

15. ¿Sabes lo que es un Plato saludable?

16. ¿Debe tomas el mismo aporte energético todo el mundo o depende de su actividad?

17. ¿Hay dietas milagro?

18. ¿Sabes qué problemas de salud puede conllevarte si tienes una dieta no equilibrada?

19. ¿Qué diferencias hay entre sobrepeso y obesidad?

20. ¿Hay enfermedades producidas por carencias nutricionales? ¿Cuáles conoces?

Por otro lado, se formularán otra serie de preguntas para descubrir cuales son las ideas preconcebidas referentes al tema de la alimentación. Las preguntas planteadas son las siguientes:

1. ¿Crees que una dieta vegetariana es menos saludable que una dieta omnívora?

2. ¿Piensas que contar calorías es la mejor manera de mantener un peso saludable?

3. ¿Consideras que los alimentos orgánicos son siempre más saludables que los convencionales?

4. ¿Crees que las dietas détox son efectivas para eliminar toxinas del cuerpo?

5. ¿Opinas que todas las grasas son malas para la salud?

6. ¿Piensas que es necesario suplementar la dieta con vitaminas y minerales?

7. ¿Crees que los alimentos light son más sanos que los normales?

8. ¿Consideras que es mejor comer varias veces al día en pequeñas cantidades o hacer solo una o dos comidas abundantes?

9. ¿Crees que los productos sin gluten son más saludables para todos?

10. ¿Piensas que los alimentos ricos en proteínas son necesarios en grandes cantidades para mantener la salud?

ANEXO 2.1. ¿CÓMO DESCARGAR LA APLICACIÓN YUKA Y FUNCIONALIDADES?

https://yuka.io/es/

Para descargar la aplicación, abra el App Store o Play Store en tu teléfono.

Después busca Yuka con la barra de búsqueda (se muestra el logo de Yuka con una zanahoria), después descarga la aplicación.

Yuka es una aplicación gratuita. Sin embargo, hay un modo de pago que permite el acceso a más funciones.

En nuestro caso utilizaremos la aplicación gratuita.

Escanea las etiquetas de tus productos alimentarios y cosméticos

Análisis alimentario

Yuka analiza los productos alimentarios y te explica la evaluación de cada producto en una ficha de producto detallada.

Recomendaciones

En caso de escanear productos mediocres o malos, Yuka recomienda con total independencia productos similares y mejores para la salud.

Historial

Yuka muestra un historial de los productos escaneados. Podrás identificar el impacto de cada producto sobre la salud mediante un código sencillo de colores.

Datos

- 3 millones de productos alimentarios
- 2 millones de referencias cosméticas
- 1 200 productos nuevos al día

¿Cómo se clasifican los productos alimenticios?

Para puntuar los productos alimentarios, Yuka se basa en tres criterios:

La calidad nutricional representa el 60 % de la nota.

El método de cálculo se basa en Nutri-Score, un sistema de calificación adoptada por 7 países europeos que evalúa el equilibrio nutricional de los productos alimenticios, teniendo en cuenta la cantidad indicada azúcar, sal, grasas saturadas, calorías proteínas, fibra, así como el contenido de frutas y verduras (calculado o estimado).

El CIIC (Centro Internacional de Investigación sobre el Cáncer), un organismo de la OMS, apoya este método y destaca su eficacia para guiar la elección de alimentos más saludables.

Nutriscore se ha suavizado en la notación Yuka de acuerdo con la tabla de correspondencia disponible aquí.

La presencia de aditivos representa el 30 % de la nota.

La referencia se basa en el estado de la ciencia ese día. Tenemos en cuenta las opiniones de la EFSA (Autoridad Europea para la Seguridad de los Alimentos), del CIIC y también de numerosos estudios independientes.

En función de los diferentes estudios existentes, cada aditivo tiene un nivel de riesgo: sin riesgo (pastilla verde), riesgo limitado (pastilla amarilla), riesgo moderado (pastilla naranja), de riesgo (pastilla roja).

Al contener un aditivo que consideramos de riesgo (pastilla roja), la puntuación máxima del producto se ha fijado en 49/100. En este caso concreto, este criterio puede representar más del 30 % de la nota.

El detalle del riesgo asociado a cada aditivo, así como las fuentes científicas correspondientes se muestran en la aplicación.

La dimensión orgánica representa el 10 % de la nota.

Es una bonificación que se otorga a los productos considerados orgánicos, es decir, aquellos con un certificado ecológico oficial nacional o internacional. Permiten evitar los pesticidas químicos que pueden suponer un riesgo para la salud.

¿Por qué las bebidas se clasifican de manera diferente?

Según el método de calificación utilizado, que se basa en los criterios del NutriScore, la escala de calificación de las bebidas (leches excluidas) es más estricta en lo que se refiere a las calorías y al azúcar que para los sólidos.

En efecto, un líquido es asimilado inmediatamente por el organismo y su índice glucémico es elevado. Por ello, las calorías y azúcares de los líquidos se penalizan más duramente.

ANEXO 2.2. ENLACE DE DESCARGA DIARIO PLANIFICADOR COMIDA

https://play.google.com/store/apps/details?id=net.futasaji.meal&hl=es&pli=1

ANEXO 2.3. TUTORIAL DIARIO PLANIFICADOR COMIDA.

Tutorial_diario_comida_planificador.mp4

ANEXO 3.1. CUESTIONARIO FORMS CONFIRMACIÓN VISUALIZACIÓN TUTORIAL DIARIO PLANIFICADOR COMIDA.

https://acortar.link/3KGOD2

ANEXO 3.2. REGISTRO PRODUCTOS CON YUKA

PRO-DUC-TO N°	FECHA DE CONSULTA	NOMBRE DEL PRODUCTO	CALIFICACIÓN	VALOR ENERGÉTICO (Kcal/100 ml)	AZÚCARES (g/100ml)	PROTEINAS (g/100ml)	GRASAS SATURADAS (g/100ml)	SAL (g/100ml)
1	13-01-25	Caffe Latte Proteina	Malo	55	3,2	7,7	0,6	0,07
2	14-01-25	Coca-Cola	Malo					
3	15-01-25	YoPro straciatella	Mediocre					
...								
...								

ANEXO 10.1. VISUALIZACIÓN SUPERSIZE-ME

https://acortar.link/8rnvMr

ANEXO 11.1. ENLACE DISEÑO CON CANVA

https://www.canva.com/es_es/crear/carteles/

https://www.youtube.com/watch?v=40S95HTJcBc

ANEXO 12.1. EJEMPLO DE CARTEL

Capítulo 5.
Situación de aprendizaje biología, geología y ciencias ambientales en bachillerato

Tabla 9.
"Infografía digital: Microorganismos y Biotecnología, la revolución invisible para un mundo sostenible"
Presentación de la Situación de Aprendizaje
La Biotecnología es una disciplina clave en el desarrollo científico y tecnológico actual, con aplicaciones directas en la industria alimentaria, la salud y la sostenibilidad ambiental. En este contexto, esta Situación de Aprendizaje está diseñada para proporcionar a los estudiantes de primero de Bachillerato una experiencia educativa enriquecedora, que les permita comprender no solo los fundamentos de la Biotecnología, sino también su impacto en el mundo real y su contribución al cumplimiento de los Objetivos de Desarrollo Sostenible (ODS) de la Agenda 2030 de las Naciones Unidas.
A través de esta propuesta, los docentes podrán guiar al alumnado en la exploración del papel esencial que desempeñan los microorganismos en los procesos biotecnológicos, destacando su importancia ecológica y su aplicación en la biotecnología industrial. Se abordarán temas fundamentales como el uso de microorganismos en la producción de alimentos, la obtención de fármacos y vacunas, el tratamiento de residuos y la descontaminación ambiental, proporcionando así una visión integral de su versatilidad y relevancia en la sociedad actual.
Además del contenido conceptual, esta Situación de Aprendizaje promueve el desarrollo de competencias clave en el ámbito científico y digital. Los estudiantes serán entrenados en la búsqueda y análisis de información científica veraz, adquiriendo herramientas para evaluar fuentes de revistas especializadas y bases de datos científicas. También trabajarán en la estructuración y síntesis de información compleja, aplicando metodologías propias del trabajo científico en la planificación y ejecución de proyectos.

Para fomentar la creatividad, la divulgación y la comunicación efectiva de los conocimientos adquiridos, como producto final los alumnos diseñarán una infografía interactiva mediante plataformas digitales como *Canva*. Esta estrategia no solo permitirá consolidar sus aprendizajes de manera visual y dinámica, sino que también fortalecerá su capacidad de transmitir información científica de forma clara y accesible, una habilidad esencial tanto en el ámbito académico como en el profesional.

Asimismo, esta Situación de Aprendizaje busca incentivar el pensamiento crítico y la toma de conciencia sobre la importancia de la Biotecnología en el desarrollo sostenible. Al relacionar los contenidos con los ODS, el alumnado podrá reflexionar sobre el impacto de la ciencia en la solución de problemas globales como la seguridad alimentaria, el acceso a medicamentos y la conservación del medioambiente, promoviendo una educación que trascienda el aula y los prepare para afrontar los retos del futuro con responsabilidad y compromiso.

En definitiva, esta propuesta ofrece a los docentes una herramienta didáctica innovadora y transversal que no solo aborda los contenidos curriculares de Biotecnología, sino que también fomenta el aprendizaje basado en proyectos, el uso de herramientas digitales y la aplicación de la ciencia en la vida cotidiana. Con este enfoque, buscamos motivar a los estudiantes y despertar en ellos el interés por la investigación y la divulgación científica, potenciando su formación integral como ciudadanos del siglo XXI

Tabla 10. Marco curricular y contexto de aplicación					
Identificación curricular y ubicación temporal					
Etapa/nivel/curso	1º Bachillerato	Competencia/s específica/s y criterio/s de evaluación.	C.E.2: C 1.4, 1.5, 1.6 C.E.3: C 1.8 C.E.4: C 2.3	Trimestre/ evaluación	3º trimestre
Área o materia	Biología, Geología y Ciencias Ambientales	Competencia/s específica/s y criterio/s de evaluación		Periodo aproximado de implementación (semanas)	2 semanas

			de otras áreas/materias.		
Otras áreas/ materias vinculadas	No se vincula con otras materias	Saberes básicos	Bloque A. Trabajo científico. 3.1.1. / 3.1.4. / 3.1.8. / 3.1.7. Bloque B. Ecología y sostenibilidad. 3.2.7. Bloque I. Los microorganismos y formas acelulares 3.9.3 / 3.9.6.	Nº de sesiones	8 sesiones

Contexto de aplicación

El centro educativo en el que se desarrolla esta Situación de Aprendizaje es un instituto de tres líneas situado en la Comunidad Valenciana, que imparte enseñanza en las etapas de Educación Infantil, Primaria, Secundaria Obligatoria y Bachillerato. Se trata de un entorno educativo diverso y comprometido con la innovación pedagógica y la atención a la diversidad, integrando metodologías activas que favorecen el aprendizaje significativo y la inclusión.

El alumnado del centro es heterogéneo y, en su gran mayoría, procede del barrio donde se ubica el instituto. Esta zona, de nivel socioeconómico medio, ha experimentado en los últimos años un progresivo envejecimiento de su población, lo que ha llevado a una disminución del nivel de renta. Como consecuencia, actualmente muchas viviendas están siendo ocupadas por familias con menos recursos económicos, lo que ha generado nuevos desafíos educativos y sociales.

En su compromiso con la equidad y la inclusión, el centro dispone de programas específicos de atención a la diversidad, incluyendo la autorización de los Programas de Diversificación Curricular (PDC) en 3º y 4º de la ESO. Asimismo, apuesta por metodologías activas que fomentan la participación del alumnado y el desarrollo de competencias clave, enfoque en el que se enmarca esta Situación de Aprendizaje.

El grupo destinatario de esta propuesta didáctica es de 1º de Bachillerato de la modalidad de Ciencias y Tecnología, compuesto por 16 estudiantes. Entre ellos, se encuentra un alumno con Trastorno por Déficit de Atención con Hiperactividad (TDAH), lo que hace especialmente relevante el diseño de estrategias inclusivas y adaptadas a diferentes ritmos y estilos de aprendizaje.

Para garantizar una respuesta educativa ajustada a las necesidades del alumnado, el centro cuenta con el apoyo de un especialista en Pedagogía Terapéutica (PT), cuyas horas de refuerzo permiten complementar la labor del profesorado y ofrecer un acompañamiento individualizado cuando es necesario. Además, en los casos de incorporación tardía de estudiantes, se proporcionan guías didácticas personalizadas que facilitan su adaptación y seguimiento del curso.

En este contexto, la Situación de Aprendizaje se plantea como una oportunidad para que el alumnado de Bachillerato explore la Biotecnología desde una perspectiva aplicada y vinculada a los Objetivos de Desarrollo Sostenible (ODS). A través de metodologías activas y herramientas digitales, los estudiantes no solo adquirirán conocimientos científicos fundamentales, sino que también desarrollarán competencias de búsqueda, análisis y comunicación de información científica, preparándose para afrontar los retos del futuro con una visión crítica e innovadora.

Tabla 11
¿Qué se va a aprender y qué importancia tiene?

Competen-cia/s Específica/s	Criterio/s de evaluación del currículo	Criterio/s de evaluación de la situación de aprendizaje	Indicadores y evidencias	La califi-cación
CE 2. Explicar fenómenos y resolver problemas	1.4 - Seleccio-nar y utilizar las fuentes adecuadas de información	1.4 - Seleccionar y utilizar las fuentes adecuadas de información para resolver	1.4.1. Se-leccionar fuentes de información adecuadas	1.4.1. 5% 1.4.2. 5%

relacionados con las ciencias biológicas, geológicas y medioambientales, utilizando la lógica científica y analizando críticamente las soluciones halladas.	para resolver preguntas relacionadas con las ciencias biológicas.	preguntas relacionadas con las ciencias biológicas.	1.4.2. Utilizar fuentes de información adecuadas **Evidencias** E 1.4.1. Selecciona fuentes de información adecuadas E 1.4.2. Utiliza fuentes de información adecuadas	
	1.5 - Contrastar y justificar la veracidad de información relacionada con la materia sobre la base del conocimiento científico, adoptando una actitud crítica y escéptica hacia informaciones sin una base científica.	1.5 - Contrastar y justificar la veracidad de información relacionada con la materia sobre la base del conocimiento científico, adoptando una actitud crítica y escéptica hacia informaciones sin una base científica.	1.5.1. Contrastar y justificar la veracidad de información **Evidencias** E 1.5.1. Contrastar y justificar la veracidad de información	1.5.1. 5%
	1.6 - Seleccionar e interpretar información, y comunicarla	1.6 - Seleccionar y comunicar la información utilizando diferentes	1.6.1. Seleccionar y comunicar la información utilizando	1.6.1. 5%

	utilizando diferentes formatos (textos, videos, gráficos, tablas, diagramas, esquemas, aplicaciones y otros formatos digitales).	formatos (textos, videos, gráficos, tablas, diagramas, esquemas, aplicaciones y otros formatos digitales).	diferentes formatos. **Evidencias** E 1.6.1. Selecciona y comunica la información utilizando diferentes formatos.	
CE3. Localizar y utilizar fuentes fiables, seleccionando y organizando la información, contrastando su veracidad, comunicando mensajes científicos, argumentando con precisión y resolviendo las preguntas planteadas de forma autónoma.	1.8 - Comunicar información y datos, argumentando sobre aspectos relacionados con los saberes de la materia, considerando los puntos fuertes y débiles de diferentes posturas de forma razonada y con una actitud abierta, flexible, receptiva y respetuosa ante la opinión de los demás.	1.8 - Comunicar información y datos, argumentando sobre aspectos relacionados con los saberes de la materia, considerando diferentes posturas de forma razonada y con una actitud abierta, flexible, receptiva y respetuosa ante la opinión de los demás.	1.8.1. - Comunicar información y datos sobre aspectos relacionados con los saberes de la materia. **Evidencias** E.1.8.1. Comunica información y datos sobre aspectos relacionados con los saberes de la materia.	1.8.1. 50 %

CE4. Diseñar, promover y ejecutar iniciativas compatibles con los objetivos para el desarrollo sostenible de las Naciones Unidas, basándose en fundamentos científicos.	2.3 - Proponer y poner en práctica hábitos e iniciativas sostenibles y saludables a nivel individual y colectivo, y argumentar sobre sus efectos positivos y la urgencia de adoptarlos basándose en informaciones contrastadas y argumentos científicos.	2.3 - Proponer hábitos e iniciativas sostenibles y saludables a nivel individual y colectivo, y argumentar sobre sus efectos positivos y la urgencia de adoptarlos basándose en informaciones contrastadas y argumentos científicos.	2.3.1. - Proponer hábitos e iniciativas sostenibles y saludables basándose en informaciones contrastadas y argumentos científicos. **Evidencias** E. 2.3.1. - Propone hábitos e iniciativas sostenibles y saludables basándose en informaciones contrastadas y argumentos científicos.	2.3.1. 30%

Tabla 12

El sistema de evaluación. ¿Cómo se evaluarán y calificarán los aprendizajes?

En esta Situación de Aprendizaje se empleará un enfoque de evaluación integral que incluirá tres tipos de evaluación: inicial, formativa y final, con el objetivo de favorecer un aprendizaje significativo y ajustado a las necesidades del alumnado.

La evaluación inicial se llevará a cabo al comienzo de la SdA con el propósito de recoger información sobre los conocimientos previos del alumnado en relación con la Biotecnología y los Objetivos de Desarrollo Sostenible (ODS). Esta evaluación no tendrá un impacto en la calificación, pero permitirá detectar ideas previas y posibles conceptos erróneos sobre la temática.

A partir de los resultados obtenidos, se podrán ajustar los contenidos y diseñar actividades adaptadas a las necesidades del grupo, asegurando así un proceso de enseñanza-aprendizaje más efectivo. Además, esta evaluación permitirá al alumnado identificar su punto de partida y tomar conciencia de su propio proceso de aprendizaje.

A lo largo del desarrollo de la SdA, se aplicará una evaluación formativa con el fin de realizar un seguimiento continuo del progreso del alumnado. Este enfoque permite ofrecer retroalimentación constante para orientar y mejorar el aprendizaje, ayudando a los estudiantes a superar las dificultades y afrontar con mayor éxito los retos planteados. En este caso, la evaluación formativa también tendrá un impacto en la calificación, ya que permitirá valorar la evolución y el grado de implicación del alumnado en las actividades propuestas. Para comprobar la adquisición de los aprendizajes, se emplearán diferentes instrumentos de evaluación, como la lista de chequeo, que servirá para verificar el cumplimiento de los criterios establecidos en la elaboración de la infografía; la escala de valoración, utilizada para evaluar aspectos específicos del proceso de aprendizaje y desempeño del alumnado; y la rúbrica, que se aplicará tanto a la elaboración como a la defensa oral de la infografía, asegurando una evaluación clara y objetiva.

Al finalizar la SdA, se llevará a cabo una evaluación final o sumativa mediante una prueba individual que permitirá comprobar la adquisición de los aprendizajes fundamentales relacionados con la Biotecnología y los ODS. Asimismo, la infografía, como producto final de la SdA, constituirá una evidencia clave de evaluación, ya que permitirá verificar la integración y aplicación de los conocimientos adquiridos en relación con los criterios de evaluación establecidos.

Siguiendo los principios del Diseño Universal para el Aprendizaje (DUA), se empleará una diversidad de técnicas e instrumentos de evaluación para garantizar una valoración equitativa y adaptada a las diferentes necesidades del alumnado. En este sentido, se aplicarán estrategias de heteroevaluación, en las que el docente será el encargado de valorar el desempeño del alumnado mediante los instrumentos mencionados. Este enfoque de evaluación garantiza no solo la adquisición de los conocimientos clave, sino también el desarrollo de competencias esenciales para el aprendizaje autónomo y la comunicación científica, preparando al alumnado para enfrentar futuros retos académicos y profesionales con una base sólida.

Evaluación inicial				Evaluación continua-formativa				
Aprendizajes que evaluar	Criterio de referencia	Prueba	Inst. de calificación	Aprendizajes que evaluar	Criterio y/o indicador de referencia	Prueba	Instrumento de calificación	Valor de la evaluación continua con respecto al criterio de referencia
Conocimientos previos	1.8.	Cuestionario	Lista de chequeo y observación directa	Preparación y debate de las implicaciones éticas y sociales de la Biotecnología	1.4 / 1.8	Exposición oral	Escala de valoración	17.5 %
				Búsqueda de información veraz y síntesis sobre Biotecnología y ODS	1.4 / 1.5	Portafolio	Rúbrica	10 %
				Elaboración de la infografía	1.6 / 1.8	Portafolio	Rúbrica	15 %
							Lista de chequeo	
				Presentación de la infografía	1.6 /1.8 / 2.3	Cuaderno de aula	Rúbrica	30 %

Evaluación final /sumativa

Saberes/aprendizajes	Criterio/s que evalúa	Prueba/producto final	Instrumento de calificación	Valor en la situación de aprendizaje
Biología, Geología y Ciencias Ambientales I 3.9.3 / I 3.9.6 / B 3.2.7	Biología, Geología y Ciencias Ambientales 1.8 / 2.3	Prueba individual escrita	Rúbrica	27.5 %

Tabla 13
Relación entre la SdA y el perfil de salida (PS) de la etapa

Indicadores evaluados	Competencia clave (PS)	Descriptor (PS)
1.4. / 1.5 / 1.6	CCL STEM CD CPSAA	CCL1, CCL3, STEM4, CD2, CPSAA4
1.8	CCL STEM	CCL1, STEM4
2.3	STEM CPSAA	STEM5, CPSAA2

Tabla 14. Saberes básicos de la SdA		
	Materia	Bloque
Identificación de fuentes veraces de información científica. (CE 2)	B, G y CCAA	A 3.1.4
Estrategias de comunicación de proyectos o resultados utilizando vocabulario científico y en diferentes formatos (informes, vídeos, modelos, gráficos). (CE 3)	B, G y CCAA	A 3.1.8
Importancia ecológica de los microorganismos: simbiosis y ciclos biogeoquímicos. (CE 4)	B, G y CCAA	I 3.9.3
Biotecnología. Importancia de los microorganismos en procesos industriales y biotecnología ambiental. (CE 4)	B, G y CCAA	I 3.9.6
Iniciativas de tipo local y global para afrontar los problemas de tipo ecosocial. Los objetivos de desarrollo sostenible como referente. (CE 4)	B, G y CCAA	B 3.2.7
Saberes complementarios de la SdA		
No se contemplan		

Medidas de atención educativa a nivel de aula. Los principios y pautas DUA
Los principios y pautas DUA se van a aplicar teniendo en cuenta las características del grupo que han sido expuestas anteriormente, y aparecen especificadas en las tablas siguientes en las que se desarrollan las diferentes sesioness. Todos ellos hacen referencia a los principios que se han presentado en el apartado de guía de la elaboración de la SdA

							Sesiones n°: 1	

Tabla 15. Secuencia didáctica de cada una de las sesiones de trabajo

	Saberes/Aprendizajes	Metodología/Acciones formativas	Agrup.	Espacio	Recursos (Personales y/o materiales)	Crit/Ind (Eval)	Ref DUA
55'	**Cuestionario inicial** Análisis de los conocimientos previos sobre la Biotecnología y los ODS.	Introducción, motivación y detección de ideas previas 25' Se proyecta un cuestionario en "Forms" sobre la Biotecnología, y los ODS.	IND	Aula	Ordenador del aula Proyector Móvil Acceso a Internet	—	Principio I pauta.3 Principio III Pauta 3.2
	Relaciona los ODS con las posibles soluciones biotecnológicas	30' Individualmente, los alumnos relacionarán los ODS con aquellas posibles soluciones biotecnológicas.	IND	Aula	Ordenador del aula Proyector Móvil Acceso a internet	—	Principio I pauta 1.1 y 1.3 Principio III Pauta 3.2

"Infografía digital: Microorganismos y Biotecnología, la revolución invisible para un mundo sostenible"

					Sesiones nº: 2 y 3		
⏱	Saberes/Aprendizajes	Metodología/Acciones formativas	Agrup.	Espacio	Recursos (Personales y/o materiales)	Crit/Ind (Eval)	Ref DUA
110'	Introducción de los saberes básicos de la Biotecnología y sus aplicaciones en la industria alimentaria, la salud y el medio ambiente. · Importancia ecológica de los microorganismos	Clase magistral participativa 55' Presentación teórica sobre los conceptos básicos de la Biotecnología y sus aplicaciones en la industria alimentaria, la salud y el medio ambiente.	IND	Aula Casa	Ordenador del aula Proyector Acceso a internet	1.4.1. 1.4.2. 1.8.1.	Principio I pauta 1.1 y 1.3

Título: "Infografía digital: Microorganismos y Biotecnología, la revolución invisible para un mundo sostenible""

· Biotecnología. Importancia de los microorganismos en procesos industriales y biotecnología industrial	**Síntesis y estructuración 55'** Debate en clase sobre las implicaciones éticas y sociales de la Biotecnología a partir de la visualización de vídeos introductorios, búsqueda de información y preguntas guía para la preparación del debate.

"Infografía digital: Microorganismos y Biotecnología, la revolución invisible para un mundo sostenible""

	Saberes/Aprendizajes	Metodología/Acciones formativas	Agrup.	Espacio	Recursos (Personales y/o materiales)	Sesiones nº: 4 y 5	
						Crit/Ind (Eval)	Ref DUA
🕐	Búsqueda de información veraz en revistas científicas.	**Síntesis y estructuración 75'** Los grupos de alumnos buscarán	GRUPAL	Aula	Uso de las TIC Aprendizaje Cooperativo	1.4.1. 1.4.2. 1.5.1.	Principio I pauta 1.1 y 1.3 Principio III Pauta 3.1

Estructurar y sintetizar la información sobre la Biotecnología y los ODS.	información sobre soluciones biotecnológicas para el ODS que le haya tocado a cada uno de ellos, incluyendo los microorganismos que estén implicados.					Principio II pauta 2.2 Principio III Pauta 3.2
Pautas del trabajo científico en la planificación y ejecución de un proyecto. Diseño de infografía interactivas mediante el uso de plataformas como el "Canva".	**Estructuración y síntesis 35'** Diseño y elaboración de la infografía.	GRUPAL	Aula de informática Uso de las TIC Infografía	Aprendizaje Cooperativo	1.6.1. 1.8.1.	

	"Infografía digital: Microorganismos y Biotecnología, la revolución invisible para un mundo sostenible"					Sesión nº: 6 y 7	
🕐	Saberes/Aprendizajes	Metodología/Acciones formativas	Agrup.	Espacio	Recursos (Personales y/o materiales)	Crit/Ind (Eval)	Ref DUA
110'	Comunicación de las infografías utilizando vocabulario científico.	**Aplicación. Presentación del proyecto final (Infografías)** 90' Presentación del proyecto final desarrollado durante las sesiones anteriores, plasmando en una infografía de manera sintetizada toda aquella información de interés.	GG	Aula	Proyector Infografías de manera digital Ordenador de aula	1.6.1. 1.8.1. 2.3.1.	Principio I pauta 1.3 Principio III Pauta 3.2
	Valoración a través del juego de: · Importancia ecológica de los microorganismos	**Aplicación** 20' Se realizará un concurso utilizando la plataforma "Kahoot"	Individual	Aula	Móvil Acceso a internet Ordenador del aula Proyector	—	Principio I pauta 1.1 y 1.3

Saberes/Aprendizajes						Principio III Pauta 3.1
· Biotecnología. Importancia de los microorganismos en procesos industriales y biotecnología industrial						

"Infografía digital: Microorganismos y Biotecnología, la revolución invisible para un mundo sostenible"

Sesión nº: 8

Saberes/Aprendizajes	Metodología/Acciones formativas	Agrup.	Espacio	Recursos (Personales y/o materiales)	Crit/Ind (Eval)	Ref DUA
55' Valoración a través de una prueba escrita de: · Importancia ecológica de los microorganismos · Biotecnología. Importancia de los microorganismos en procesos industriales y biotecnología industrial	Aplicación: Evaluación Prueba escrita sobre las infografías	Individual	Aula	Prueba escrita	1.8.1.	Principio I pauta 1.1 y 1.3 Principio III Pauta 3.2

Tabla 16

Evaluación de la práctica docente y propuestas de mejora

Indicadores	Valoración cualitativa	Propuestas de mejora
La SdA y su relación con el currículo.	La situación de aprendizaje ha permitido que los estudiantes realicen actividades que les ayudarán a progresar en el desarrollo de las competencias específicas del área de Biología, Geología y Ciencias Ambientales. Se ha evaluado a los alumnos a partir de los criterios de evaluación correspondientes a cada competencia.	Establecer más lazos interdisciplinares dada la amplitud y complejidad del tema
La SdA y su capacidad para generar experiencias valiosas, motivadoras y funcionales.	La realización de las infografías proporcionó al alumnado una visión global de toda las SdA.	
El análisis del contexto (personas, tiempo, recursos disponibles) y adaptaciones DUA realizadas.		

El sistema de evaluación (inicial, formativa y sumativa) y de calificación.	Hay evaluación inicial, formativa y final. Algunos indicadores no se califican en la evaluación formativa pero sí se proporciona al estudiante retroalimentación para que aprenda a partir de su práctica.	Promover la coevaluación en el grupo
Gestión del tiempo.		
Metodologías/actividades propuestas.	Los cambios introducidos con esta SdA, pese a que han sido interesantes, novedosos y bien valorados por el estudiantado, en algún momento les ha generado una cierta intranquilidad.	Se debería trabajar en más ocasiones utilizando este tipo de metodologías.
Coordinación entre docentes.		
Clima de aula generado.	La mayoría de los estudiantes ha trabajado en lo que se le pedía y esto ha favorecido que hubiera un ambiente propicio para el aprendizaje, aunque en el trabajo en pequeño grupo ha habido sesiones en las que había alumnos poco implicados y ha sido necesaria la intervención del profesor para encauzar la situación.	

Capítulo 6.
Fase de investigación Datos y Resultados: Evaluando la Situación de Aprendizaje

Con intención de complementar la propuesta de las situaciones de aprendizaje presentadas en el capítulo anterior, se ha considerado oportuno recoger mediante instrumentos adecuados una serie de datos que permitan establecer una valoración rigurosa sobre la implementación de una de las situaciones de aprendizaje anteriores. En este caso, se ha escogido la situación de aprendizaje "Come Bien, Vive Mejor. Explorando la Ciencia de la Nutrición: exposición divulgativa para la toma de conciencia de una alimentación saludable" diseñada para el nivel de 3º de la ESO. Dicha investigación tiene por objetivos los siguientes:

1. Valorar las situaciones de aprendizaje como instrumento de articulación del curriculum (centrado en el aprendizaje y alineado) en función del aprendizaje del alumnado.

    1.1. Indagar y sistematizar la valoración del alumnado sobre las situaciones de aprendizaje cuando estas son el sistema de desarrollo del curriculum de aula en el que participan como estudiantes.

    1.2. Analizar si existe correlación entre el empleo de las situaciones de aprendizaje como sistema de desarrollo curricular y las variables: sexo y rendimiento académico.

DISEÑO DE LA INVESTIGACIÓN

El diseño de la investigación es cuasi experimental y consiste en un estudio descriptivo Ex Post Facto, ya que no se modifica el fenómeno o situación objeto de análisis (Carrasco y Caldero, 2000). Esto es así porque la implementación se ha llevado a cabo en el desarrollo ordinario del curso académico y se ha valorado la intervención una vez realizada.

Además, el estudio tiene carácter correlacional porque asociamos las variables de sexo y rendimiento académico a los resultados de las valoraciones del fenómeno objeto de estudio para cada una de las dimensiones que lo conforman.

METODOLOGÍA

La metodología es mixta, cuantitativa y cualitativa, para enriquecer y complementar el análisis del fenómeno a estudiar en relación con los objetivos general y específicos planteados. La primera se ha realizado mediante encuesta al alumnado y la segunda por medio del uso de una metodología activa y experiencial que asegure el aprendizaje de contenidos en un contexto real y que movilice las capacidades del alumnado.

La muestra puede definirse como no probabilística y se identifica con la población, ya que las valoraciones de la situación de aprendizaje se han realizado por parte de todo el alumnado y del profesorado que las ha implementado. Consiste en 73 estudiantes de 3º de la ESO de un centro de Educación Secundaria de la red concertada de la Comunidad Valenciana, que han vivenciado la puesta en práctica de la situación de aprendizaje "Come Bien, Vive Mejor. Explorando la Ciencia de la Nutrición: exposición divulgativa para la toma de conciencia de una alimentación saludable" descrita en el capítulo anterior. Lo constituyen 36 mujeres y 34 hombres, de entre 13 y 15 años. 3 participantes no dan información sobre su sexo. Por otra parte, la observación participante ha sido realizada por el docente que ha puesto en práctica la situación de aprendizaje.

La parte cuantitativa ha tenido como instrumento un cuestionario validado y elaborado ad hoc para el alumnado. Se ha construido ordenando los ítems por medio de dimensiones teóricas clave de las situaciones de aprendizaje garantizando la exhaustividad en el alcance de la complejidad de los fenómenos que queremos analizar. El cuestionario aplicado para la valoración de las situaciones de aprendizaje, consta de 32 ítems relacionados con diferentes principios que intervienen en el contexto diseñado para favorecer la activación de los aprendizajes tales como el enfrentamiento a un reto, la motivación, la construcción del conocimiento, la explicitación de la finalidad de la situación de aprendizaje, la aplicación de metodologías activas, las estrategias metacognitivas, la existencia de tareas que presenten conexión con la realidad, la interacción del aprendiz con los compañeros y el profesor (trabajo en equipo), la diversidad del alumnado y la evaluación. Se emplea una escala tipo Likert en la que el estudiante debe valorar, de 1 (muy en desacuerdo) a 5 (muy de acuerdo), su grado de satisfacción con esos diferentes elementos.

En las variables demográficas se han introducido, además, la inserción de datos anonimizados que nos permitan evaluar si existe correlación entre ellas y las respuestas ofrecidas. Se trata de las variables "calificación media del expediente", "calificación obtenida en el área" y "sexo". En la Figura 1 se recoge la distribución de la muestra con respecto a dichas variables. El cuestionario ha sido validado cualitativa y matemáticamente. En primer lugar, se aplicó el método Delphi, que ha contribuido a la mejora del formulario y, en segundo lugar, se han aplicado diferentes pruebas estadísticas para comprobar su validez interna. Se ha recurrido a la prueba Alfa de Cronbach ($\alpha>0.8$) y al test de McDonald's ($\omega>0.8$), que indican, de forma independiente, una validación muy satisfactoria de este.

Figura 1
Distribución de la muestra según variables demográficas.

Figura 1a. Distribución de la muestra por sexo.
(n=73)

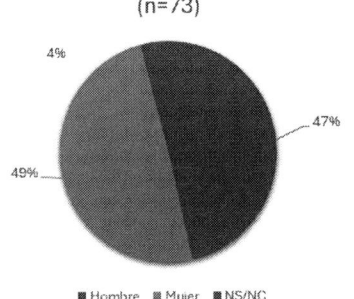

4%

47%

49%

■ Hombre ■ Mujer ■ NS/NC

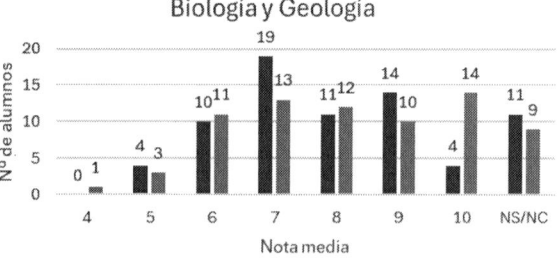

Figura 1b. Distribución de la muestra por nota media del curso pasado y nota de Biología y Geología

Se han añadido preguntas abiertas de carácter cualitativo al finalizar el cuestionario que nos ayudarán, junto con la observación participante del profesorado, a explicar y entender la realidad objeto de estudio. Dichas preguntas se centran en destacar los elementos percibidos como más relevantes, tanto en positivo como en negativo, así como en la posibilidad de expresar opiniones abiertas sobre algún elemento no valorado en los ítems del cuestionario.

Se ha realizado en primer lugar un análisis descriptivo (obteniendo los valores de media, moda, desviación típica y máximo y mínimo y distribución) obteniendo como resultado más relevante la no normalidad en la distribución de los datos, lo que ha orientado el empleo de las pruebas estadísticas necesarias para responder a las preguntas de investigación implícitas en los objetivos. También, para poder analizar cada ítem se ha elaborado una tabla de frecuencias para poder ver cómo se distribuyen las respuestas.

La primera correlación estudiada ha sido entre el éxito académico y el tipo de respuesta efectuadas. Los indicadores de éxito académico empleados han sido la nota media del curso anterior y la nota de la asignatura concreta del mismo curso. El análisis se ha realizado mediante la prueba de Kruskal-Wallis tomando $p < 0,05$ y $\varepsilon 2 > 0,6$ para considerar la significatividad estadística. En este caso, sin que haya una relación significativa en la mayoría de los casos, sí hay cierta tendencia en algunos ítems que después será analizada.

A continuación, se ha aplicado la misma prueba con los mismos márgenes de confianza a la variable sexo. No hemos hallado correlación significativa.

En cuanto al segundo instrumento, que corresponde a la puesta en práctica de la técnica de observación participante, se ha realizado mediante una guía de observación. El observador participante en este caso ha sido el docente que ha implementado la situación de aprendizaje en su aula.

INFORME DE RESULTADOS DEL CUESTIONARIO

En el análisis de los resultados obtenidos en el cuestionario, atendemos en primer lugar a los referentes a los 73 ítems con valoración cuantitativa. Dentro de estos, las primeras conclusiones son las referidas al estudio descriptivo. Se ha calculado la media aritmética, mediana, moda y desviación típica de cada una de las preguntas.

En este sentido, se observa en la Figura 2 que la media de las respuestas de cada ítem refleja valoraciones muy positivas. 30 de los 32 ítems presentan una media igual o superior a 3,5 sobre 5, y los restantes superan los 3,3 puntos. Por otra parte, 9 de las preguntas reciben valoraciones medias superiores al 4 sobre 5. Además, todos los ítems tienen una mediana de 4 puntos, lo que refleja que al menos la mitad de los estudiantes han valorado cada uno de ellos con 4 o 5 puntos. La mediana es una medida de tendencia central que indica el valor que se encuentra en el centro de un conjunto de datos cuando estos están ordenados de menor a mayor (o de mayor a menor). En otras palabras, la mediana divide un conjunto de datos en dos mitades.

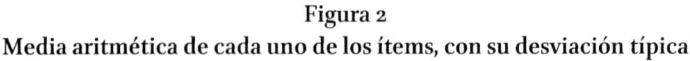

Figura 2
Media aritmética de cada uno de los ítems, con su desviación típica

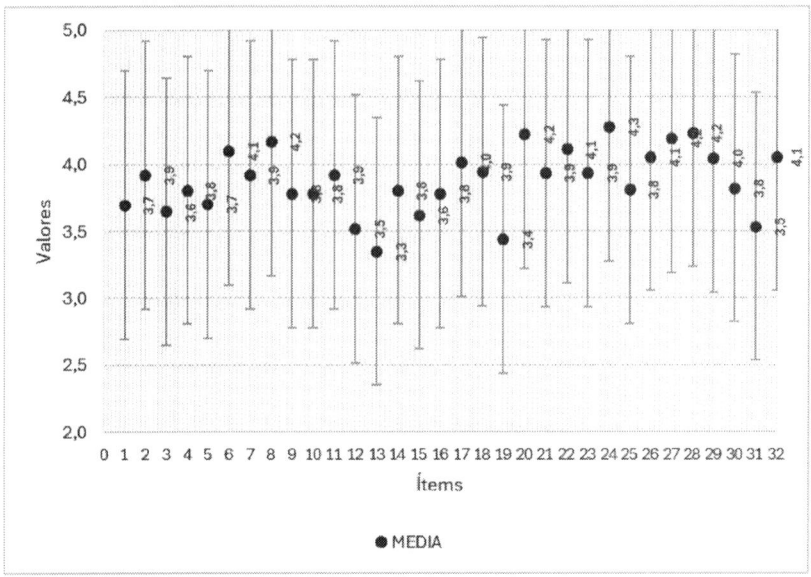

La pregunta 24 es la que presenta una media más alta (4,27), a lo que se añade la menor desviación típica (0,76), lo que refleja una mayor similitud en las respuestas de los 73 alumnos participantes. Este ítem cuestiona "Me gusta que el profesor haya propuesto distintas posibilidades a la hora de realizar y entregar trabajos, incluso cuando son para ser evaluados, porque de este modo todos tenemos más posibilidades de aprovechar nuestros puntos fuertes". Un 41% de los estudiantes la han valorado con la puntuación máxima de 5 y tan solo un 17,8% han otorgado un 3 o menos de 3 puntos. Esto, por una parte, confirma que los estudiantes han entendido que las tareas podían ser respondidas de diferentes maneras, en contra de la creencia de que solo hay una manera correcta de resolver una situación problemática en ciencias de la naturaleza, y esta es la que sigue las normas dadas por el profesor. Por otra parte, refleja su agrado ante esta variedad de posibilidades.

Otras preguntas con valoraciones medias altas y poca desviación, lo que se traduce en una buen a valoración por parte de la mayor parte de la muestra, son las preguntas 28, 20, 27, 22, 8 y 6. La pregunta 28, "Creo que es muy positivo que las acciones o las cosas que hemos realizado como resultado final de la situación de aprendizaje haya servido al mismo tiempo como prueba de evaluación" evidencia la valoración muy positiva por parte del alumnado sobre el tipo de estrategias didácticas utilizadas en la situación de aprendizaje, así como por los resultados y productos generados, así como de su evaluación por parte del docente.

La pregunta 20, "He comprendido lo que he aprendido", indica una percepción elevada de aprendizaje a través de la aplicación de la situación de aprendizaje propuesta.

En la cuestión 27, "Me ha gustado que la evaluación haya sido algo real y práctico, que tenía que hacer, y no un examen donde normalmente solo cuenta lo que respondes después de memorizar contenidos", los discentes valoran muy positivamente una evaluación competencial basada en la práctica y en la aplicación de los saberes adquiridos. También se ha valorado muy positivamente que el profesor en la situación de aprendizaje haya ofrecido distintas posibilidades para hacer algunas tareas (pregunta 22).

La pregunta 6 dice "Me ha parecido motivador que estudiemos cosas que están conectadas con la realidad", mientras que la 8 indica "Realizar actividades interesantes para aprender hace que esté más centrado en el trabajo y, por lo tanto, aprendo más, que cuando permanezco pasivo escuchando.", por lo que tanto la temática escogida en la situación y las estrategias utilizadas han resultado interesantes y motivadoras para el estudiantado.

Cabe destacar la poca variabilidad de valoración en un mismo ítem, todas las preguntas presentan en sus estadísticos descriptivos valores bajos de desviación típica con respecto de la media, puesto que se encuentran en el valor 0,76 y 1,15.

Aunque han tenido valoraciones medias por encima de los 3 puntos, las peor valoradas han sido las preguntas 13, 19, 12 y 31 respectivamente y por este orden. Que la situación de aprendizaje haya incluido aprendizajes de otras asignaturas que hacían falta y que las hayamos combinado para hacer algo real no ha terminado de convencer (pregunta 13), puesto que 14 alumnos han contestado por debajo de 3 (muy en desacuerdo o en desacuerdo) y 25 han valorado con una respuesta neutra (3), lo que supone cerca del 54% de los discentes.

Un total de 36 discentes (49,31%), consideran que lo que han aprendido en la situación de aprendizaje van a tardar poco tiempo en olvidarlo, aunque lo han experimentado, por lo que se hace necesario revisar las actividades realizadas para que resulten más significativas y sus aprendizajes perduren más en el tiempo (pregunta 19).

Pese a que la situación de aprendizaje se ha pensado para ser aplicada en la vida cotidiana y para el uso diario del conocimiento científico en el día a día del alumnado, no lo percibe de esta manera (pregunta 12), con 24 respuestas neutras (32,9%), 6 en desacuerdo (8,2%) y 4 muy en desacuerdo (5,5%).

Se hace necesario realizar pruebas a lo largo de la situación de aprendizaje para analizar el progreso del alumnado y proporcionar feedback por parte del profesor para la mejora de los resultados finales (pregunta 31). El 38,35% se posiciona en una opinión neutra, mientras que el 10,95% piensa que existe margen de mejora en este aspecto.

En un 60,27% de los casos, pregunta 1, la situación de aprendizaje ha resultado motivadora para el alumnado porque les ha supuesto un reto, (algo que había que hacer o resolver). Saber en cada momento para qué hacían cada cosa les ha sido muy motivador en el 71,23% de los casos (cuestión 2).

Los discentes perciben un sentido y una coherencia de las distintas tareas con la finalidad de la situación de aprendizaje en un 57,53% (ítem 3)

El 61,64% del alumnado se sentía más motivado que en el resto de las asignaturas en las que no se empleaba la forma de trabajar propuesta en nuestra situación de aprendizaje.

En cuanto a la pregunta 11, "Creo que aprendo más cuan do realizo actividades bien planificadas que cuando solo escucho al profesor porque me cuesta concentrarme durante mucho tiempo", las respuestas de los alumnos muestran que, hay un 12,32% de estudiantes que la han puntuado con 1 o 2 puntos sobre 5. Esto refleja que la mayoría cree que su aprendizaje es mejor cuando es activo y basado en un buen diseño docente, que cuando su papel es pasivo y el centro está en el docente. Sin embargo, este porcentaje no es desdeñable, por lo que de ello se deduce que estos alumnos prefieren escuchar las explicaciones del profesor.

Por lo que se refiere a la pregunta 18, "Creo que he aprendido mediante la situación de aprendizaje más y mejor que cuando en clase solo escucho al profesor", podemos observar en primera instancia que se relaciona también con la percepción de aprendizaje según la metodología docente, en la línea de lo establecido en la pregunta 11. Un total de 19 alumnos valoran con un 3 neutro, 26,02% de las respuestas, y un 8,21% valora en desacuerdo o muy en desacuerdo. Esto puede reflejar que, si bien la mayoría de los estudiantes creen que aprenden más con actividades bien planificadas llevadas a cabo por ellos mismos, esto no ha sucedido de manera uniforme a lo largo de la situación de aprendizaje.

En cuanto al estudio de la correlación de la valoración de la situación de aprendizaje por parte de los estudiantes en función de su rendimiento académico, los resultados obtenidos arrojan algunas conclusiones que se desarrollan en los siguientes párrafos.

En primer lugar, sobre la distribución de nuestra muestra en relación con estas dos variables, la nota media del curso pasado es de 7,5323 con una desviación típica de 1,3516. La nota media de la asignatura es de 7,8438 con una desviación típica de 1,6156. Es decir, la nota media de la asignatura es más alta, pero también más variable entre el grupo de estudiantes.

Al correlacionar las valoraciones de las respuestas del cuestionario con la variable nota media del curso pasado mediante la prueba de Kendall's Tau B, se encuentra que un par de ítems, el 13 y el 20, presentan una correlación leve. Dicho de otra manera, y dado que ya se han expuesto los altos valores medios obtenidos, las valoraciones positivas provienen de alumnos con distintas notas medias. Estimamos que es positivo que la buen a valoración no se restrinja a alumnos con una nota media alta o baja, pues refleja la capacidad de la situación planteada de atender al aprendizaje de todo tipo de alumnos.

Cuando nos fijamos por otra parte en la correlación de la puntuación de estos mismos ítems con la variable nota de la asignatura, también mediante el test de Kendall's Tau B, Tampoco encontramos correlaciones significativas. Únicamente existe una correlación leve con la pregunta o ítem 2.

OBSERVACIÓN PARTICIPANTE

Durante el desarrollo de la situación de aprendizaje en el aula se ha realizado una observación participante, prestando especial atención a la motivación de los alumnos, así como las metodologías empleadas han contribuido a su aprendizaje, la funcionalidad de la situación de aprendizaje, el papel protagonista de los estudiantes y la coherencia de la evaluación.

La sesión en la que se percibió mayor interés por parte del alumnado fueron las sesiones 11 y 12, en la que los estudiantes realizaron una exposición y posterior debate formal de los posters realizados.

Otra sesión en la que también se vio muy motivado al alumnado fue en la sesión 13 en la que se realizó una visita al Mercado Central. En esta visita se pretendía que el alumnado tuviese una visión global sobre los hábitos alimentarios de la gente en general y así compararlos con los aspectos teóricos estudiados en clase. Así podían ver si se cumplen los parámetros de una dieta ideal entre la población. Además de ello se quería concienciar al alumnado de la necesidad de consumir productos de proximidad y con ello reducir la huella de carbono, además de cumplir con los ODS establecidos.

Para la realización de esta actividad el alumnado había preparado un cuestionario previo con todos los parámetros considerados dentro de una dieta mediterránea. Con estos datos, posteriormente, en el aula debían hacer una interpretación matemática.

El hecho de trabajar la resolución de problemas a partir de una situación real, con la que los alumnos estaban familiarizados, favoreció que se enfrentaran a la resolución de problemas con menos temor del que presentan habitualmente, dado que no los consideraban como problemas de matemáticas.

En esta actividad, además, se pretendía que el alumnado pudiera entrevistar a turistas y hacer uso de los conocimientos de inglés y francés estudiados en clase.

La metodología empleada favoreció el aprendizaje de la resolución de problemas.

En cambio, el alumnado tuvo dificultades en el uso de las aplicaciones "Yuka" y "Diario Planificador Ayuda", especialmente en la extracción de datos para reflejarlos en el cuaderno de clase.

A pesar de ser alumnado nativo digital, no están habituados al uso de aplicaciones en las que tenían que registrar todos los alimentos ingeridos durante una semana. No tenían hábitos de regularidad en el registro de los datos, se les olvidaba en alguna ocasión registrarlos y, sobre todo, tuvieron más dificultada a la hora de hacer una interpretación matemática de estos valores.

Todas las actividades realizadas tenían una conexión directa con la vida real, lo que hizo que no se escuchara a los alumnos realizar la habitual pregunta en las clases de "¿esto para qué sirve?" Los aprendizajes adquiridos les servirán en su vida cotidiana, pues han aprendido conceptos y procedimientos aplicándolos a situaciones familiares para ellos y no de manera abstracta y aislada.

Se ha observado que el alumnado ha sido protagonista durante el proceso. Tenían que resolver algunas actividades sin una explicación teórica previa. En las sesiones en las que había prevista más explicación por parte del profesor, esta se realizó a través de la lección magistral participativa, y la intervención del docente iba dirigida a que los alumnos descubrieran por sí mismos las propiedades y relaciones que se buscaba que aprendieran, para que de esta forma el aprendizaje fuera más significativo y duradero.

Por último, no se utilizó un examen para evaluar los aprendizajes de los estudiantes, sino que se aprovechó la realización de un póster y su defensa para plantear esta situación de aprendizaje. Para realiza un póster representativo de todo el contenido tratado, debían tener claros los conceptos y aplicar algunos de los procedimientos aprendidos durante las sesiones anteriores. También calificaron las actividades realizadas a lo largo de toda la situación de aprendizaje, de manera que todos los indicadores y criterios de evaluación se tuvieron en cuenta para valorar y calificar los aprendizajes.

Barr, RB y Tagg, J. (1995). *De la enseñanza al aprendizaje: un nuevo paradigma para la educación de pregrado.* Change: The magazine of higher learning, 27 (6), 12-26.

Biggs, J. (2005). *Calidad del aprendizaje universitario.* Madrid: Narcea.

Bernardo, J. y Caldero, J. F. (2000) *Aprendo a investigar en Educación.* Rialp.

Fábregas, S., Meneses, J., Rodríguez-Gómez, D., y Paré, M. H. (2016). *Técnicas de investigación social y educativa.* Editorial UOC.

ANEXO

Cuestionario para la valoración de las situaciones de aprendizaje/unidades (alumnado)

Esta encuesta sirve para que puedas valorar la situación de aprendizaje que acabas de realizar. De este modo podremos ver si es eficaz y mejora los aprendizajes. Es completamente anónima por lo que te pedimos que respondas con total libertad y sinceridad. Se presentarán algunas afirmaciones que tienen que ver con las características de las situaciones de aprendizaje en general. Solo tienes que decidir tu nivel de acuerdo con dichas afirmaciones marcando la casilla en la columna correspondiente **lo que más se parezca** a lo que piensas.

Sexo: Hombre ☐ Mujer ☐

Nota media que obtuviste el curso pasado ☐ Nota que obtuviste en esta asignatura la última vez que la cursaste ☐

La asignatura es nueva, nunca la había cursado ☐

	Motivación	1. Muy en desacuerdo	2. En des-acuerdo	3. Neu-tro	4. De acuerdo	5.Muy de acuerdo
1.	La situación de aprendizaje me ha motivado bastan-te porque me ha supuesto un reto, (algo que había que hacer o resolver).					
2.	Me ha motivado saber en cada momento para qué hacíamos cada cosa. Todo tenía sentido y estaba relacionado con la finalidad de la situación de aprendizaje.					
3.	Trabajar en clase o en casa para aprender algo útil, y no solo para aprobar, ha sido una sensación muy motivadora.					
4.	Cuando tocaba en el horario trabajar la situación de apren-dizaje me sentía más motivado que en el resto de asig-naturas en las que no empleamos esta forma de trabajo.					

5.	Me ha gustado comprobar que todas las tareas tenían sentido porque eran necesarias para lo que nos habíamos propuesto al final de la situación de aprendizaje.					
6.	Me ha parecido motivador que estudiemos cosas que están conectadas con la realidad.					
7.	Trabajar en pequeños grupos, a veces por parejas y otras de forma individual ha aumentado mi motivación para aprender.					

	Metodología empleada	1. Muy en desacuerdo	2. En desacuerdo	3. Neutro	4. De acuerdo	5.Muy de acuerdo
8.	Realizar actividades interesantes para aprender hace que esté más centrado en el trabajo y, por lo tanto, aprendo más, que cuando permanezco pasivo escuchando.					

9.	Las metodologías que el profesor nos ha propuesto me ayudan a mantener la atención en la tarea y, de este modo, aprovecho mejor el tiempo de clase.					
10.	Trabajar activamente en clase ha hecho que tuviera que dedicar menos tiempo en casa.					
11.	Creo que aprendo más cuando realizó actividades bien planificadas que cuando solo escuchó al profesor porque me cuesta concentrarme durante mucho tiempo.					
	Utilidad e interdisciplinariedad de lo aprendido					
12.	Creo que lo que he aprendido en la situación de aprendizaje lo podría llevar a cabo en mi vida cotidiana.					
13.	Que la situación de aprendizaje haya incluido aprendizajes de otras asignaturas que hacían falta y que las hayamos combinado para hacer algo real me ha gustado.					

14.	Lo que hemos aprendido sobre valores y actitudes creo que me va a servir para mi vida personal.					
15.	Puedo decir que en la situación de aprendizaje he vivido una experiencia que me ha enseñado cosas de forma real y activa.					
	Metacognición					
16.	Pienso que he trabajado mucho en clase pero ha merecido la pena porque soy consciente de que he aprendido también mucho.					
17.	Haber combinado formas diferentes de trabajar: individualmente, en pequeños grupos y con todo el grupo me ha ayudado a aprender mejor.					
18.	Creo que he aprendido mediante la situación de aprendizaje más y mejor que cuando en clase solo escucho al profesor.					
19.	Considero que lo que he aprendido en la situación de aprendizaje voy a tardar mucho en olvidarlo por qué lo he experimentado.					

		1. Muy en desacuerdo	2. En desacuerdo	3. Neutro	4. De acuerdo	5. Muy de acuerdo
20.	He comprendido lo que he aprendido.					
21.	No he tenido que memorizar sin sentido nada que no haya comprendido, lo que sí me pasa a veces cuando soy evaluado con exámenes.					
	Empleo del DUA					
22.	Me ha gustado que el profesor en la situación de aprendizaje haya ofrecido distintas posibilidades para hacer algunas tareas.					
23.	Me ha gustado la situación de aprendizaje porque he podido desarrollar mi trabajo con cierta creatividad y autonomía.					
24.	Me gusta que el profesor haya propuesto distintas posibilidades a la hora de realizar y entregar trabajos, incluso cuando son para ser evaluados, porque de este modo todos tenemos más posibilidades de aprovechar nuestros puntos fuertes.					

25.	He visto como algunos compañeros y yo mismo hemos podido tener algo más de éxito en clase cuando se nos ha permitido o sugerido que hiciéramos las cosas de forma diferente y no, como suele pasar, que todos hacemos todo de la misma manera.					
	Evaluación					
26.	La forma en la que nos han evaluado me ha parecido más coherente con lo que hemos trabajado y aprendido que lo que suele pasar normalmente en otras asignaturas.					
27.	Me ha gustado que la evaluación haya sido algo real y práctico, que tenía que hacer, y no un examen donde normalmente solo cuenta lo que respondes después de memorizar contenidos.					
28.	Me parece un acierto que se valoren aspectos que no son solo los contenidos de la materia.					
29.	Creo que es muy positivo que las acciones o las cosas que hemos realizado como resultado					

	final de la situación de aprendizaje haya servido al mismo tiempo como prueba de evaluación.					
30.	Saber con antelación, mediante las rúbricas o las listas de chequeo, qué se me iba a pedir y cómo tenía que hacerlo, me ha ayudado a enfocar mejor mi estudio y mi trabajo.					
31.	Haber realizado pruebas para ver cómo íbamos a lo largo de la situación de aprendizaje y recibir feedback por parte del profesor me ha ayudado a mejorar mis resultados finales.					

Escribe 3 puntos fuertes de la situación de aprendizaje. Cuando los tengas escritos, numéralos poniendo el 1 a lo que te ha parecido mejor y así sucesivamente hasta el 3.	Numera 1,2,3

Escribe 3 puntos débiles de la situación de aprendizaje. Cuando los tengas escritos numéralos poniendo el 1 a lo que te ha parecido peor y así sucesivamente hasta el 3	

Comenta libremente algo más que te gustaría añadir sobre la situación de aprendizaje.

Muchas gracias por tu colaboración.